# Molière et le Droit

FERDINAND SANLAVILLE

# *Molière et le Droit*

PARIS

FONTEMOING ET C^ie, ÉDITEURS

4, RUE LE GOFF, 4

1913

# MOLIÈRE ET LE DROIT

---

> « Bien que sa figure et son œuvre appa-
> « raissent et ressortent plus qu'aucune
> « dans ce cadre admirable du siècle de
> « Louis-le-Grand, il s'étend et se prolonge
> « au dehors, en arrière, au delà ; il appar-
> « tient à une pensée plus calme, plus vaste,
> « plus indifférente, plus universelle ».
>
> SAINTE-BEUVE [1].

## INTRODUCTION

De toutes les œuvres de la pensée, de toutes les gloires littéraires qui ont illustré le siècle de Louis XIV, peu nombreuses sont celles
qui peuvent être mises en parallèle avec l'œuvre de Molière. Aucun écrivain n'a su criti-

---

1. *OEuvres de Molière*. Notice sur sa vie et ses ouvrages, t. 1er,
p. 10. (Paris MDCCCXXXV, Paulin, éd.); *Galeries des grands
écrivains français*, tirée des Causeries du lundi, p. 130 (Garnier,
éd.).

1

quer avec plus de finesse et de précision les mœurs du grand siècle, aucun n'a su mettre en scène avec plus de vérité les ridicules et les vices, non seulement de son temps, mais aussi de tous les temps, aucun n'a flagellé avec plus de vigueur la race humaine. Ces comédies que Molière a faites siennes par son génie, ou qu'il a créées de toutes pièces, contiennent d'incomparables portraits de caractères, de piquantes et énergiques critiques des mœurs et des abus. Molière est de tous les temps, il est l'homme de la nature humaine [1].

La satire du caractère humain dans les comédies de Molière a en effet une portée plus grande qu'elle paraît tout d'abord. Non seulement elle s'adresse à l'époque actuelle comme au XVII<sup>e</sup> siècle, mais à travers les mœurs, elle frappe les institutions et les lois, et surtout le mauvais emploi qui en est fait. Par le rire et le ridicule, Molière bafoue, condamne les abus, et lorsque ces abus sont la conséquence

---

1. *Op. sup. cit.*, p. 8, *id. ibid.*, p. 128.

d'une législation vicieuse, ou de pratiques judiciaires condamnables, ce sont les défauts et les vices de cette législation elle-même ou de ces pratiques judiciaires qu'il attaque. Ainsi, d'une part dispositions mauvaises de la loi, d'autre part méconnaissance du droit et de la justice sont tour à tour flétries ou ridiculisées par voie indirecte. De cette manière, on peut dire que le théâtre de Molière a une portée juridique, et contient une sévère censure du monde judiciaire. Sous ces divers rapports, les comédies de Molière, surtout celles qu'il a composées dans la maturité de son génie, sont intéressantes à étudier. Certaines des institutions et certaines des dispositions législatives de son temps sont exposées parfois avec un véritable sens juridique ou critiquées avec une ironie et une finesse merveilleuses ; mais bien souvent, il ne fait qu'indiquer implicitement les défauts de la législation, sa violation ou sa mauvaise application ; parfois aussi les abus sont mis à nu et châtiés ouvertement. Toutefois, c'est seu-

lement dans une mesure restreinte que l'on peut trouver dans les œuvres de Molière une indication quelconque de réformes législatives. Il serait tout à fait excessif d'y chercher plus qu'elles ne contiennent, et d'y voir une première tentative contre les institutions et les lois de l'ancien régime. « Aujourd'hui, dit
« Sainte-Beuve, que nous jugeons les choses
« à distance et par les résultats dégagés, Mo-
« lière nous semble beaucoup plus radicale-
« ment agressif contre la société de son temps
« qu'il ne crut l'être ; c'est un écueil dont nous
« devons nous garder en le jugeant [1]. »

En effet, Molière n'est aucunement un révolutionnaire : il attaque beaucoup moins les lois que leur violation et le mauvais usage qu'on en fait ; il poursuit surtout les ridicules et les abus sous toutes leurs formes. C'est peut-être pour cette raison qu'au point de vue juridique et social, comme au point de vue moral, son œuvre s'étend à tous les hommes et à toutes les époques.

1. Notice précitée, p. 12.

Aussi, bien que cette étude comparative de notre ancien Droit avec les mœurs du XVIIᵉ siècle, tende surtout à jeter un jour nouveau sur l'œuvre de Molière, son intérêt n'est pas purement historique. Si les institutions ont changé, si les lois ont été modifiées (moins cependant qu'on peut le croire), les critiques ont toujours leur portée et leur enseignement : les abus, signalés par Molière avec tant de virulence dans l'application des lois et dans l'administration de la justice, ont souvent une actualité qui surprend, et qui comporte un enseignement utile. En effet, ce qui change le moins dans l'humanité, c'est l'homme : les institutions et les lois, même les meilleures, sont viciées à toutes les époques par les mêmes défauts inhérents à la nature humaine. Ce qui est toujours vrai, c'est la lutte des mauvais penchants contre le droit : aujourd'hui comme alors, on voit ces mauvais penchants vicier les dispositions, tant de l'homme que de la loi elle-même ; aujourd'hui comme alors, on voit de mauvaises lois ; aujourd'hui comme alors, on voit des abus et des défauts dans la pratique judiciaire, des agissements coupables de la part des plaideurs et même de la part des auxiliaires de la justice. Sur certains points, le théâtre de Molière réunit dans une même critique la morale et le droit, et contient un enseignement aussi pour l'époque actuelle. Enfin, rapprochés des règles de notre ancien droit et des abus légaux ou extra-légaux ou même simplement des mœurs de l'époque, certaines scènes, certains passages s'éclairent d'une plus vive lumière, et permettent une intelligence plus complète de l'œuvre moliéresque. Ainsi pour l'homme de lettres et même pour le moraliste, les *Fourberies de Scapin* ne sont qu'une bouffonnerie. Pour le juriste, tout en renfermant de regrettables infractions aux principes de justice, cette comédie édicte dans certaines scènes, d'exactes et sévères censures à l'adresse tant des lois de la procédure que des mœurs et des abus du monde judiciaire.

Nombreuses, presque innombrables, sont les études, littéraires, historiques, philosophiques, morales, les critiques de toutes sortes que l'on a publiées sur l'œuvre de Molière[1]. Des maîtres éminents, d'illustres écrivains ont donné leurs opinions et ce serait bien hardi de vouloir l'étudier à ces divers points de vue.

Plus modeste sera notre travail, nous ne nous proposons d'étudier le théâtre de Molière que

1. P. Lacroix (Bibliophile Jacob), *Bibliographie moliéresque* (Fontaine, éd. Paris, 1875). Toutes les publications sur le théâtre de Molière et les différentes éditions de ses œuvres y sont indiquées. — G. Monval, *Chronologie moliéresque* (Flammarion, éd. Paris, 1897). Toutes les éditions de Molière y sont indiquées. — *Le Moliériste*, 1879-1889. — Taschereau, *Histoire de la vie et des ouvrages de Molière* (1825). — Nous nous contenterons de citer quelques articles assez récents publiés dans la *Revue des Deux-Mondes* : Paul Jeannet, *La philosophie de Molière*, 15 mars 1881; G. Larroumet, *Un bourgeois de Paris*, 15 mai 1886; *Molière et Louis XIV*, 1er septembre 1886; *Molière, l'homme et le comédien*, 15 octobre 1886; F. Brunetière. *La philosophie de Molière*, 1er août 1890; *La langue de Molière*, 15 décembre 1898; *Les époques de la comédie de Molière*, 1er janvier 1906. — Emile Faguet. *Rousseau contre Molière* (Société française d'imprimerie et de librairie).

sur certains points touchant au droit [1], surtout là où la critique des mœurs emporte
examen ou critique du droit, soit ouvertement
soit par voie de conséquence, dans les divers
buts précédemment exposés, à savoir : interprétation de certains passages, de certaines
scènes, de certaines comédies par la législation de l'ancien régime, critique des lois ainsi
que des mœurs et des abus, rapprochement
et comparaison avec l'époque actuelle.

Mais il nous faudra au préalable, expliquer comment Molière, versé dans la connaissance du droit, peut se justifier dans
quelque mesure, du grief de n'avoir pas fait

1. Paringault. *La langue du droit dans le théâtre de Molière*
(Paris, 1861, Aug. Durand, éd.). Cauvet. *La science du droit
dans les comédies de Molière* (Annales de l'Académie de Caen).
Fournier des Ormes. *Molière avocat* (Le Constitutionnel du
30 juin 1852). Truinet. *Pourquoi Molière n'a pas joué les avocats* (Revue historique du droit français, 1855, t. Ier, p. 84). Ces
auteurs établissent que Molière connaissait le droit. Notre but
est surtout de démontrer combien cette connaissance que
Molière avait du droit influe sur son théâtre, en facilite l'interprétation historique et la généralisation, enfin justifie mieux
sa critique des mœurs et des lois.

concorder certaines scènes avec les principes
de la morale et le respect du droit naturel,
morale et droit qui sont indissolublement
unis. Il est même indispensable d'émettre
des réserves sur la manière très critiquable
dont notre auteur, emporté par sa verve comique, méconnaît parfois les principes du droit
et de la morale.

Ces préliminaires une fois développés, nous
aborderons l'étude juridique du théâtre de
Molière. Les points principaux qui seront
ainsi traités seront relatifs : tout d'abord à l'état
et à la condition des personnes, c'est-à-dire
à cette branche du droit privé, si intimement
liée au droit public qui est la distinction fon-
damentale de l'ancienne société en nobles
et roturiers ; ensuite au mariage lui-même
(consentement des parties et des ascendants,
formalités de la célébration), au droit des
femmes, aux contrats de mariage, au douaire,
à la communauté, aux libéralités entre époux,
aux testaments et donations entre-vifs, aux
successions légitimes, puis au contrat de prêt

à intérêt.. Enfin les vices, les abus de l'organisation judiciaire et de la procédure civile,
ainsi que les travers de la pratique et les
odieux procédés de l'ancienne justice criminelle termineront cet essai juridique et littéraire.

# CHAPITRE PREMIER

## La Morale et le Droit naturel.

On sait qu'après avoir fait de fortes études à Paris, au collège de Clermont dirigé alors par les Jésuites (depuis collège Louis-le-Grand), Molière suivit pendant quelque temps les leçons privées de philosophie professées par Gassendi, dont le talent jouissait d'une grande vogue. D'après la plupart des auteurs qui ont écrit sur Molière, et principalement d'après ses contemporains, il aurait fait trois années de droit à la Faculté d'Orléans, probablement de 1642 à 1645, et se serait fait recevoir avocat [1]. Dans les temps modernes,

1. Dans les Œuvres de M. de Molière (MDCCXVIII à Paris par la Compagnie des Libraires), t. I, p. 90, *La vie de M. de Molière*, par Grimarest, — *Id. ibid.* T. VIII, p. 245. Extrait du *Dictionnaire historique de Morery* ; p. 248. Extrait du *Dic-*

on a publié divers articles pour prouver que Molière avait fait son droit [1], mais ce fait ressort avec évidence de ses œuvres elles-mêmes. Non seulement Molière témoigne de parfaites connaissances juridiques, ce que sa facilité d'assimilation ne suffirait pas à expliquer, mais son œuvre a une nuance juridique beaucoup plus accentuée que les ouvrages de la plupart des écrivains du grand siècle; si on en excepte Racine dans *les Plaideurs*. Ce qui caractérise aussi Molière, c'est la terminologie judiciaire, c'est la langue des affaires dont il se sert avec tant de dextérité, ce sont les expressions de la basoche qui surgissent parfois au milieu du dialogue ; or, quoi qu'en dise *M. de Pourceaugnac*, ce n'est pas en lisant les romans qu'on apprend ce langage. (Acte II, Sc. X.)

tionnaire *historique et critique*, de Bayle. — Tel est aussi l'avis des adversaires de Molière, par exemple dans *Elomire* (anagramme de Molière) ou *Les médecins vengés*, comédie-pamphlet.

1. Voir les articles précités de MM Fournier des Ormes, et Truinet; — Paringault, *op. sup. cit.*

Là, comme partout, Molière parle et dépeint avec cette exactitude parfaite, cette scrupuleuse conscience qui fait dire à Grimarest qu'*il travaillait toujours d'après la nature, pour travailler plus sûrement* [1].

Quoi qu'il en soit, avec son esprit naturel, sa remarquable facilité d'assimilation, des études aussi complètes, tant au point de vue littéraire qu'au point de vue philosophique et même juridique, Molière était singulièrement armé pour juger et châtier les vices et les travers de l'humanité.

Cependant une observation préalable doit être formulée : on ne peut considérer Molière comme un juriste rigoureux et un juge sévère. En droit comme en morale, il peint plus

1. Les adversaires de Molière eux-mêmes lui firent un naïf et involontaire hommage en le comparant à un peintre, comme on peut le voir dans la comédie de Boursault dirigée contre Molière : *Le portrait du peintre ou la critique de l'École des femmes.* Voir sur ce point : Maurice Donnay. *Molière.* Revue hebdomadaire, 25 février 1911, p. 461, 462. — Saint-René Taillandier. *Un poète comique du temps de Molière.* Revue des Deux-Mondes, du 1ᵉʳ novembre 1878 p. 53.

qu'il ne juge, d'où l'on peut croire à certaines défaillances. C'est ainsi qu'on a pu lui reprocher avec raison de se montrer trop complaisant pour les infidélités conjugales et pour les incartades des fils de famille ; même de méconnaître les principes du droit et de la justice, lorsque les escroqueries, les vols, les violences, les délits et méfaits de toutes sortes de Scapin et autres valets ou comparses, concourent à l'intrigue des comédies, sans faire l'objet d'une condamnation.

Mais ces réserves une fois faites sur certains points, il serait injuste de prononcer un anathème contre toute l'œuvre de Molière, qui trouve souvent, même où elle semble condamnable, une explication et une justification dans le rapprochement des mœurs et des lois. Il serait excessif de lui reprocher d'une manière générale d'avoir non pas critiqué les vices, mais bien au contraire d'avoir presque toujours fait triompher les mauvais instincts aux dépens des bons, et d'avoir ridiculisé ce qui est respectable en employant les moyens

les plus répréhensibles, voire les plus délic-
tueux. Ainsi ni la morale ni le droit naturel
n'auraient un défenseur en Molière, dont l'œuvre serait par suite des plus condamnables.
Parmi ces censeurs si sévères, on trouve
J.-J. Rousseau qui, dans sa *Lettre à d'Alembert sur les spectacles*, formule les attaques
les plus acrimonieuses contre notre auteur [1].
Nous n'avons pas la prétention d'entrer dans
ces discussions qui ont surtout un caractère
philosophique, il nous faut cependant donner
un aperçu de ces questions, lorsqu'elles se
rattachent au droit.

Donc, d'après J.-J. Rousseau, le théâtre
de Molière serait une école de vices et de
mauvaises mœurs : « Son plus grand soin,
« dit-il, est de tourner la bonté et la simpli-
« cité en ridicule, et de mettre la ruse et le
« mensonge du parti pour lequel on prend
« intérêt : ses honnêtes gens ne sont que des

1. Conf. Emile Faguet. *Rousseau contre Molière* (Société
française d'Imprimerie et de Librairie, 1912).

« gens qui parlent ; ses vicieux sont des gens
« qui agissent, et que les plus brillants suc-
« cès favorisent le plus souvent... Examinez
« le comique de cet auteur : partout vous
« trouverez que les vices de caractère en sont
« l'instrument, et les défauts naturels le su-
« jet ; que la malice de l'un punit la simpli-
« cité de l'autre, et que les sots sont les vic-
« times des méchants : ce qui n'est que trop
« vrai dans le monde, n'en vaut pas mieux à
« mettre au théâtre avec un air d'approba-
« tion... Voilà l'esprit général de Molière
« et de ses imitateurs... »

Ces critiques sont beaucoup moins justi-
fiées qu'elles le paraissent tout d'abord, elles
partent d'un point de vue trop absolu. En
effet, la plupart des comédies de Molière n'ont
pas pour but d'opposer le châtiment du vice
au triomphe de la vertu ; mais de peindre avec
une scrupuleuse exactitude les défauts, les
vices et les travers, d'opposer presque toujours les uns aux autres de manière à en faire
mieux ressortir par le contraste, l'odieux et le

ridicule [1]. Par ce procédé, dont on doit le louer, Molière pousse la satire à son maximum, il dote ses comédies de la plus franche gaîté. Par le rire et l'ironie sans jamais paraître un sévère censeur, il stigmatise, il condamne avec une incomparable vigueur.

Molière, par ses railleries, a-t-il voulu porter atteinte à l'institution du mariage ? Dans *George Dandin*, le mari trompé est bafoué odieusement. Sans approuver ce mode de procéder des plus condamnables, on peut l'expliquer raisonnablement : on peut dire que, là encore, Molière a voulu d'une part faire ressortir les graves inconvénients et les dangers des mésalliances, en montrant un paysan mal dégrossi, mais riche, marié à une demoiselle noble, sans fortune ; et d'autre part, se moquer de certains nobles campagnards, pleins d'arrogance et de sotte vanité, se croyant tout permis à l'égard d'un manant [2]. C'est *l'Étape*

1. E. Faguet, p. 108, dit en ce sens que Molière heurte les vices les uns contre les autres pour en faire jaillir des flambées de ridicule.

2. Conf. Paul Bourget. *L'Étape.* — M. Victor Giraud. *Esquisses*

qui, brusquement franchie, jette le parvenu
dans un milieu social qu'il ne connaît pas, et
où il ne trouve trop souvent que d'amères dé-
ceptions, surtout dans le mariage. Telle est la
leçon qui ressort de toute cette comédie ; ce
n'est nullement la glorification des infidélités
de la femme. Si l'on rit des ruses perfides
d'Angélique et des malheurs du mari, on ne
peut en même temps que compatir aux doléan-
ces que celui-ci exprime dès le début de la
pièce, sur les inconvénients des mésalliances.
Le but que l'auteur poursuit dans la comédie
de *George Dandin* n'est nullement la donnée
théâtrale de *Don Juan* qui comporte un châtiment exemplaire. Ce but a un autre caractère et une portée sociale toute autre, et ce
but n'aurait pas été atteint si la coupable
avait été punie. C'est au public que Molière
réserve de prononcer la condamnation.

La comédie de *George Dandin* ne porte

contemporaines, Rev. des Deux Mondes du 1er mars 1911, p. 98,
démontre que cette thèse doit subir certains tempéraments. —
Faguet. *Rousseau contre Molière*, p. 95.

pas atteinte au respect dû au mariage. Molière ne paraît même pas avoir émis d'avis sur l'indissolubilité du lien conjugal, la séparation du corps ou le divorce, ce qui peut surprendre de nos jours, mais n'était pas mis en question à l'époque. On ne peut voir en effet qu'une simple boutade dans ces vers de la comédie de Sganarelle (scène V) :

Ah ! que j'ai de dépit que la loi n'autorise
A changer de mari comme on fait de chemise !
Cela serait commode, et j'en sais telle ici
Qui, comme moi, ma foi, le voudrait bien aussi.

Non seulement Molière ne tourne pas en dérision la foi conjugale, mais dans *Don Juan*, il condamne sévèrement le coupable.

Enfin, dans le fameux ballet de la Polygamie, de *M. de Pourceaugnac* (acte II, sc. XI), deux avocats grotesques reprennent comme en un refrain satirique : « La polygamie est un cas, est un cas pendable. » C'était littéralement vrai, puisque la législation de l'époque édictait la peine de mort contre le coupable [1]. On ne doit donc voir dans cette scène que la critique de cette pénalité.

L'autorité paternelle est-elle condamnée par Molière, principalement par rapport au mariage ?

Dans l'*Avare*, si le fils d'Harpagon manque de respect à son père et se rend même complice du vol commis par son valet, Molière n'entend nullement approuver de pareils actes. En effet ce qu'il a voulu prouver, et ce qu'il a prouvé de la façon la plus saisissante, c'est tout l'odieux et tout le ridicule de l'avarice. Or dès le début de la pièce, nous voyons Cléante, fils respectueux et soumis, approuver en excellents termes, le devoir qu'ont les enfants de demander le consentement de leurs parents pour leur mariage. Ce n'est que, par

---

1. Plus tard, on se relâcha de cette rigueur. Les polygames étaient mis au carcan avec aux bras autant de quenouilles qu'ils avaient eu de femmes, puis on les envoyait aux galères ou on les bannissait. Domat, *Suppléments des lois civiles*, Livre III du droit public, titre X, § 19.

suite des manœuvres condamnables et des
exactions de son père, que Cléante, poussé à
bout, manque à ses devoirs. Par là se trouvent démontrées les conséquences de l'avarice, qui exaspère et pousse au mal ceux qui
en sont les victimes, lors même qu'ils sont
animés des meilleurs sentiments [1]. Par là
encore, au point de vue juridique, sont établis les abus de l'autorité paternelle dont
nous verrons dans l'ancien droit l'extrême
rigueur, lorsque cette autorité était entre les
mains d'un père comme Harpagon. Cette double démonstration aurait été beaucoup moins
probante, si le fils s'était incliné devant la
tyrannie du père, comme J.-J. Rousseau l'eût
voulu.

Quant au *Misanthrope*, sans entrer dans un
débat hors de notre sujet, qu'il nous suffise
de dire que le jugement de J.-J. Rousseau
est trop sévère lorsqu'il déclare Molière inex-
cusable d'avoir rendu ridicule un homme

1. Conf. Faguet, p. 107. — Maurice Donnay. *Revue hebdomadaire*, 1er avril 1911, p. 84.

droit, sincère, estimable, un véritable homme de bien. En faisant rire le public des boutades du *Misanthrope* à raison de son intransigeance (rire d'ailleurs souvent approbatif au fond), Molière a pu se permettre, par ce procédé, la critique la plus hardie des courtisans et des personnes de la haute société. Il a pu dire à tous des vérités que l'on n'aurait pas acceptées si elles n'eussent été présentées sous cette forme.

A cette critique de J.-J. Rousseau : « Il fallait faire rire le parterre », La Harpe répond avec beaucoup de raison : « Oui, c'est ce que « doit faire le poète comique, mais c'est ici le « cas de rappeler le mot d'Horace, Sat. I, I : « Qui empêche de dire la vérité en riant ? Et « Molière l'a dite à ceux qui savent l'entendre… [1] »

Ces boutades du *Misanthrope* font rire parfois, mais elles portent la plupart du temps un enseignement qui fait réfléchir, car le dé-

1. La Harpe, *Lycée ou cours de littérature*, t. I, p. 634.

noûment de la pièce n'a rien de comique [1].
J.-J. Rousseau reconnaît d'ailleurs que le
*Misanthrope* est parfaitement dans son rôle
d'honnête homme, en refusant de solliciter
ses juges; J.-J. Rousseau s'étonne qu'on ait
pu le lui proposer : cependant c'était le seul
moyen de censurer, comme Molière le fait
avec raison, cette pratique vicieuse de la justice, dont nous verrons la critique par la suite.

Quant aux valets, si comme le dit justement
J.-J. Rousseau, leur rôle dans la comédie
moliéresque est condamné par tout le monde,
il faut cependant reconnaître que, là comme
toujours, Molière se montre peintre fidèle des
mœurs de son temps [2]. Quelque mauvais que
soient les procédés employés par ces valets,
non seulement Molière ne présente pas ces
manières d'agir comme louables, mais il a

1. F. Brunetière, *Revue des Deux-Mondes* du 1er janvier 1906,
p. 210. — Conf. Faguet, p. 3 et suiv.

2. Eug. Noël, *Les valets de Molière*, Le Moliériste, 1er février
1880, p. 339. — G. d'Avenel, *Le train de maison depuis sept siè-
cles. Les domestiques*, Revue des Deux-Mondes du 1er avril
1912, p. 632 et suiv.

bien soin d'avertir le spectateur que ces procédés sont condamnables et qu'ils tombent
même sous le coup de la justice. C'est ce
qu'on voit dans la scène V, acte I<sup>er</sup>, des *Fourberies de Scapin :* lorsque Scapin parle des
machinations qu'il prépare, Sylvestre lui dit :
« Je te conjure au moins de m'aller point
« brouiller avec la justice. » Et Scapin de lui
répondre : « Va, va, nous partagerons les
« périls en frères ; et trois ans de galères de
« plus ou de moins ne sont pas pour arrêter
« un noble cœur. » (Voir aussi la scène II.)

Le public est donc averti : il sait quelle
sorte de gens il a devant lui, il est prévenu
aussi que Scapin ne reculera devant aucuns
moyens, même devant les plus malhonnêtes.
Enfin, lorsque toute l'intrigue s'est déroulée,
grâce aux ruses, aux mensonges, aux fri-
ponneries, aux méfaits de Scapin et de son
compère, la pièce ne se termine que sur le
pardon des pères trompés et maltraités. Ce
dénoûment ne comporte donc pas l'approbation des moyens employés, bien qu'on puisse

regretter qu'il ne renferme aucun blâme.

Le soin que prend Molière d'avertir ainsi le public, et de le constituer en quelque sorte juge, ressort bien de la lecture de ses comédies : mais il faut reconnaître que sur la scène, le jeu des acteurs peut modifier singulièrement l'impression produite sur le spectateur, laisser dans l'ombre les avertissements, et mettre au contraire en lumière les manœuvres condamnables, mais risibles. Il faut admettre aussi que l'auteur lui-même se trouve parfois emporté trop loin par sa verve satirique. Mais, ces réserves faites, Molière est bien le grand justicier de l'humanité.

L'opinion de Brunetière sur le comique de Molière tranche ainsi le débat[1] : dans nombre de pièces, c'est par la plaisanterie et l'ironie que Molière châtie les mœurs, alors, comme le dit Sainte-Beuve, sa plus ardente indignation tourne au rire ; mais dans d'autres pièces qui ne sont pas les moins importantes, dans *Don*

1. *Revue des Deux-Mondes*, 1ᵉʳ janvier 1906, p. 210 et suiv.

*Juan*, dans *Tartuffe*, dans le *Misanthrope*, le comique n'y est plus qu'un incident accessoire, et l'enseignement qui en émane touche au tragique. Là, les critiques de J.-J. Rousseau tombent complètement à faux. « Le « moyen de rire, dit Brunetière, des victimes « de *Don Juan* et de *Tartuffe* ? et le moyen « de rire même d'Alceste ? C'est qu'il est « bien possible, je le veux, puisqu'on l'a dit, « que le rire soit le propre de l'homme, mais « la vérité n'a jamais fait rire personne ; et « au contraire dans la littérature et dans « l'art, à mesure que les imitations qu'on en « fait en approchent, elles deviennent tristes, « douloureuses comme elle. C'est ce que nous « voyons dans *Don Juan*, dans *Tartuffe*, dans « le *Misanthrope* [1]... »

Mais le rire est l'arme préférée de Molière. Parfois dans une scène où il excite le plus l'hilarité, une étude approfondie des mœurs

1. *Id.*, *ibid.* Conf. Emile Faguet. *Rousseau contre Molière*, p. 169 : contre un homme comme Tartuffe il n'y a que la loi, p. 175, 177.

et des lois de l'époque révèle qu'il a sévèrement châtié un abus.

En résumé, Molière, malgré des défaillances regrettables, n'est pas le contempteur systématique de la morale et du droit naturel, de ce droit naturel, issu de la morale, qui contient en première page : le respect des enfants pour leurs parents, le respect du mariage, la notion du juste et de l'injuste, et tous les préceptes admis par le monde chrétien. Mais lorsque les mœurs soutenues par une législation vicieuse, lorsque les abus judiciaires et la violation du droit doivent être condamnés, Molière les stigmatise, soit ouvertement, soit bien souvent d'une manière indirecte. C'est sous tous ces points de vue, qu'il est utile de rapprocher notre ancien droit de ses immortelles comédies.

# CHAPITRE II

## Bourgeois et Gentilshommes.

Pour bien comprendre l'œuvre de Molière, il est utile de connaître l'ancienne société française, l'ancienne organisation sociale ; et pour préciser certaines critiques, il faut avoir un aperçu de la législation de l'époque, tant en droit public qu'en droit privé. C'est en effet sur ces bases qu'étaient fondés : la classification de la nation en trois ordres : Clergé, Noblesse, Tiers-État ; — les situations juridiquement inégales qui en résultaient, — les privilèges favorisant les uns ; — les servitudes, redevances et charges d'origine féodale grevant les autres ; — les conséquences choquantes de ces inégalités sociales, — et par suite les modalités multiples affectant l'état et la condition des personnes.

Molière, bien que bourgeois de Paris, respecte les institutions elles-mêmes et ne critique pas la division en Noblesse et Bourgeoisie. Il respecte les privilèges justifiés au profit d'un Orgon (Le *Tartuffe*, acte V, sc. VII); il honore l'aristocratie de race appuyée sur le mérite, telle que la comprend un Don Louis (*Don Juan*, acte IV, sc. IV); mais il bafoue et ridiculise impitoyablement les vices et les travers des bourgeois comme des gentilshommes.

Il raille la sotte vanité, les prétentions grotesques, les préjugés absurdes, l'insolent orgueil, le favoritisme et l'injustice sous toutes ses formes. Il condamne surtout les excès et les ridicules qui sont le fait des individus. Cependant par une répercussion fatale, la législation qui crée et protège, ou tout au moins tolère ces abus, est atteinte indirectement. C'est ce que révèle un rigoureux examen de l'œuvre de Molière : il s'en dégage une intéressante interprétation, par l'étude de la situation juridique qu'avaient réciproquement les nobles et les bourgeois.

Les privilèges de la noblesse étaient nombreux. Nous nous bornerons à citer les principaux ; en matière fiscale, l'exemption des impôts les plus lourds [1] ; l'exemption des droits féodaux [2] ; réciproquement le droit de percevoir certaines redevances, de profiter de certains services ou servitudes d'origine féodale, tels les droits de banalité, d'acquérir les fiefs ou terres nobles sans payer de droits, de jouir de certaines prérogatives [3] ; la dévolution spéciale des successions nobles ; en matière judiciaire, le droit d'invoquer des privilèges de juridiction [4].

1. Tels que gabelle, taille, taillon, crues, aides, subsides, corvées personnelles, etc. Dalloz. *Rép.* v° *Noblesse*, n°ˢ 12 et suiv. — *Rép. gén. du droit français* (Fuzier-Herman) v° *Noblesse*, n° 47. — P. Viollet, *Précis de l'histoire du droit français*, p. 226. (Larose et Forcel, éd. 1886.)

2. Tels que les droits de banalités, four, moulin, pressoir, etc., et autres droits féodaux. V. les auteurs précités.

3. Tels que le droit de chasse, le droit de colombier, etc. — Voir sur les privilèges de la Noblesse : Dalloz. *Rép.*, v° *Noblesse*, n°ˢ 12 et suiv. — *Rép.* Fuzier-Herman, v° *Noblesse*, n°ˢ 46 et suiv. ; — P. Viollet, p. 226 et suiv., 721 et suiv. ; — de Tocqueville. *L'ancien Régime et la Révolution*, p. 44 et suiv. 135, 171.

4. Les causes concernant les nobles étaient justiciables des

A tous ces privilèges, il faut ajouter que certaines charges de Cour, ainsi que quelques autres emplois étaient réservés aux nobles qui, de plus jouissaient de droits honorifiques nombreux. Enfin si on ne peut pas dire que, sous Louis XIV, les gentilshommes aient eu le monopole des grades dans l'armée, il faut bien reconnaître que l'usage, sinon la loi, les leur réservait le plus ordinairement [1].

Si l'on compare à la situation de la Noblesse, celle du Tiers-État, on voit que cet Ordre, ce troisième Ordre, en principe général et pris dans son ensemble, supportait toutes les charges et impôts dont les Ordres privilégiés étaient exempts, et ne jouissait pas des privi-

baillis et sénéchaux à l'exclusion des prévôts. En matière criminelle, ils étaient jugés par la grand'Chambre du parlement (Dalloz, P. Viollet, *ut supra*).

1. On cite parmi les roturiers promus aux plus hauts grades : dans l'armée, le maréchal Fabert ; dans la marine, Duquesne, Duguay-Trouin, Jean Bart, etc. Augustin Thierry. *Essai sur l'histoire du Tiers Etat*, chap. X ; — *Mémoires de Saint-Simon*, t. XII, p. 557. *Additions et fragments inédits* (Coll. des grands écrivains).

lèges et prérogatives réservés aux gentilshommes. Mais cette règle était vraie seulement pour la partie du Tiers-État qui formait le peuple, surtout le peuple des campagnes que l'on a appelé avec raison le Quatrième-État; on ne pouvait l'appliquer à la bourgeoisie des villes. Tout au moins pour les derniers temps de l'ancienne Monarchie et même dès Louis XIV, on a pu dire que le bourgeois était presque aussi à part du peuple que le gentilhomme était à part du bourgeois [1].

Alors en effet que l'homme des champs, le vilain, le manant succombait sous les charges les plus lourdes de la nation, le bourgeois au contraire s'exemptait en fait, sinon en droit, de la plupart de ces charges [2], et jouissait de nombreuses et importantes prérogatives.

Ainsi, plus favorisé que le noble qui ne pouvait faire le commerce sans déroger, c'est-

1. De Tocqueville, p. 134 et suiv.
2. De Tocqueville, *ut supra*.

à-dire sans encourir une véritable déchéance, le bourgeois, jouissant d'une sorte de monopole, pouvait se livrer à toutes les spéculations, entreprises et opérations commerciales, industrielles, financières et d'une manière générale aux affaires. Il avait donc lui aussi des privilèges de la plus grande importance et pouvait de plus accéder à la noblesse [1]. Le bourgeois avait ainsi des facilités pour acquérir la fortune, tandis que le gentilhomme, ne pouvant que posséder la terre ou avoir des fonctions parfois plus honorifiques que lucratives, voyait souvent sa situation pécuniaire péricliter et déchoir [2]; d'où une sourde irritation contre le bourgeois enrichi. A la bourgeoisie étaient encore départis : les professions libérales : lettres, sciences, arts, barreau; les offices et charges vénales si nombreuses sous

1. Voir sur ce point les curieuses considérations de Montesquieu : *Esprit des lois*, livre XX, chap. XXI et XXII. Voir aussi Augustin Thierry, *id. ibid.*, chap. VII. — Voir sur les anciennes fortunes : G. d'Avenel. *Revue des Deux-Mondes* du 15 février et du 15 mars 1906.

2. De Tocqueville, p. 117 et suiv.

l'ancien Régime : les offices de judicature, même les plus élevés, tels que présidents et conseillers des Parlements ; les offices ministériels, notaires, procureurs ; les fonctions municipales et charges de toutes sortes que le Gouvernement rendait vénales et multipliait pour battre monnaie ; les fermes générales des impôts ; la plupart des fonctions administratives, depuis les plus humbles [1] jusqu'aux plus importantes, telles que : intendants de province et Conseillers d'État ; et même jusqu'aux plus hautes fonctions de l'État. Est-il besoin de faire remarquer que presque tous les ministres de Louis XIV furent d'origine

---

1. L'État créait aussi parfois des fonctions d'une utilité contestable, mais qui grevait le Trésor ; cela s'est vu aussi depuis. On en trouve la critique dans la comédie des *Fâcheux* (acte III, sc. II). Dans une pétition au roi, un solliciteur demande la création pour lui de la charge de contrôleur de l'orthographe des inscriptions et enseignes des maisons et boutiques de la ville de Paris ! Peut-être la chose n'est-elle pas inutile en elle-même, mais la fonction l'est évidemment. C'est aussi une mordante critique des solliciteurs de places dont de Tocqueville nous donne un curieux exemple p. 137, *op. sup. cit.* Ces critiques n'ont pas vieilli.

roturière ? Ce fut le cas des deux plus illustres hommes d'État du règne : Colbert et Louvois [1].

Malgré cette situation de la bourgeoisie, ouvrant presque toutes les carrières et permettant presque toutes les ambitions, les bourgeois cherchaient cependant par mille moyens à se hausser jusqu'à la noblesse.

Lorsque l'anoblissement était la récompense justifiée des services les plus éminents rendus à l'État ou tout au moins de fonctions honorablement remplies [2], on ne pouvait qu'approuver. De même la noblesse conférée par lettres patentes était non moins justifiée,

1. Aug. Thierry, chap. IX et X. — Ce qui met parfois une certaine confusion dans l'esprit, c'est que ces hommes d'État, ainsi que leurs descendants, obtinrent, bien légitimement d'ailleurs, des titres nobiliaires, en récompense de leurs éminents services.

2. Telle était la noblesse de dignité résultant de charges ou dignités conférées par le roi. Pothier (éd. Bugnet), T. IX, p. 6, n° 11 et 14 ; Dalloz. V° *Noblesse*, n° 5 ; *Rép.* Fuzier-Herman. V° *Noblesse*, n° 35. Toutefois ce genre d'anoblissement tendit à dégénérer du moment où le pouvoir royal multiplia, dans un but fiscal, les charges conférant la noblesse. P. Viollet, p. 222 ; — De Tocqueville, p. 133.

lorsqu'elle récompensait les services rendus à la chose publique. Nous verrons que Molière avait une haute idée de l'aristocratie du mérite, et aussi de l'aristocratie de race rehaussée par la dignité de la vie.

Mais à côté de cette noblesse et de ces anoblissements légitimes, trop souvent le roturier, sans avoir rien fait pour le mériter, obtenait à prix d'argent des lettres patentes du roi lui conférant la noblesse [1]. Plus souvent encore le bourgeois enrichi se parait en fait d'un titre de noblesse, soit en acquérant une terre noble ou fief [2], soit par le long usage d'un nom noble que l'on prétendait acquis, malgré certaines prohibitions ou divergences

1. Pothier, t. IX, p. 9, n° 22 ; — *Rép.* Fuzier-Herman, V° *Noblesse*, n° 30.

2. A une certaine époque, il était admis qu'on arrivait à la noblesse par la possession de terres nobles ou fiefs. Puis certaines entraves furent mises à l'acquisition de ces terres par des roturiers, en les soumettant au droit de franc-fief. Mais c'est seulement l'ordonnance de Blois de 1579 qui dispose que « les roturiers et non-nobles achetant fiefs nobles ne seront pas anoblis… ». P. Viollet, p. 220, 221, 549.

juridiques, par *usurpation* ou prescription centenaire [1].

Enfin, et il semble que ce ne soient pas les moins nombreux, certains s'anoblissent d'eux-mêmes, spontanément, sans s'inquiéter de plus de formalités : « ... se couchent roturiers et se lèvent nobles » [2]. Tous les écrivains de l'époque le constatent (mais pareille chose est-elle bien spéciale à l'ancien régime ?).

Cependant la législation se montrait rigou-reuse, et prononçait des peines sévères contre ceux qui s'affublaient sans droit d'un nom noble [3]. Mais peut-être dans la pratique se relâchait-on souvent de cette sévérité, car en fait, ces usurpations étaient fréquentes.

1. *Rép.* Fuzier-Herman. V° *Noblesse.* n° 42 ; — P. Viollet, p. 223. — Conf. Pothier, t. IX, p. 5.

2. La Bruyère. *Les caractères,* chap. XIV, De quelques usa-ges. Cet auteur montre avec quelle facilité on usurpait la noblesse, sous Louis XIV.

3. Ordonnance de janvier 1560. Edit de janvier 1576. Ordon-nance de mai 1579. Edit de mai 1583. Ordonnance de janvier 1629. — Pothier, t. IX, n° 38, p. 15 ; — Dalloz, *Rép.* V° *Noblesse,* n° 25.

Pour quels motifs les roturiers recherchaient-ils avec tant d'acharnement les anoblissements ?

D'abord, bien que la situation de la bourgeoisie fût des plus honorables, il faut bien reconnaître qu'en réalité « sous l'ancien Régime, on arrivait à la liberté par le privilège [1]. » Le bourgeois n'avait donc qu'une liberté incomplète, ou plutôt une situation inférieure, et il cherchait par tous moyens à monter d'un degré dans l'échelle sociale.

Mais les considérations de vanité, plus que les motifs de droits et de privilèges, incitaient les non-nobles à s'anoblir : d'une part, ainsi que nous le verrons, les gentilshommes ne montraient que trop souvent un mépris outrageant vis-à-vis des roturiers, ce que d'ailleurs l'anoblissement ne faisait guère cesser ; d'autre part, certains bourgeois enrichis mettaient une vaine gloriole à jouer aux gentilshommes, ce qui était l'objet de toutes les moqueries à

1. De Tocqueville, p. 176.

leur adresse [1]. Aussi lorsque dans *Le Bourgeois gentilhomme*, Molière raille avec tant d'ironie la manie de s'anoblir, Grimarest nous montre combien cette comédie est la peinture fidèle des mœurs de l'époque lorsqu'il dit : « Chaque bourgeois y croyait trouver son voisin peint au naturel ; et il ne se lassait pas d'aller voir ce portrait [2]. »

Mais cette tendance, cet engouement pour les anoblissements ne pouvait pas être bien vu par le Pouvoir, car les nobles étant exempts de la plupart des impôts, chaque anoblissement retirait au fisc un contribuable. Aussi pour faire cesser ces abus, Louis XIV prescrivit-il un recensement général des nobles et une révision des titres (Déclaration du 15 mars 1655, Édit du 8 février 1661, Déclaration du 22 juin 1664, Arrêts du Conseil du 22 mars 1666 et du 16 mars 1669) [3].

1. Conf. Faguet. *Rousseau contre Molière*, p. 92 et suiv.

2. *La vie de M. de Molière* ; en tête des œuvres de Molière, t. 1ᵉʳ, p. 76 (à Paris par la compagnie des Libraires, MDCCXVIII).

3. Cette vaste entreprise, suspendue par un arrêt du Conseil

Curieuse coïncidence : les comédies de Molière (*Le Bourgeois gentilhomme* notamment), contemporaines de cette révision générale des titres de noblesse, semblent être ainsi le reflet des critiques et des moqueries de l'époque contre tant de faux nobles ; ce sont presque des comédies de circonstance [1].

Nous allons voir Molière mettre sur la scène

du 16 juin 1674, fut continuée en vertu d'une Déclaration du 4 septembre 1696 (*Rép.* Fuzier-Herman, v° *Noblesse*, n° 44). — Certains traitants ou commis, intéressés à la recherche des faux nobles, ne craignaient pas d'outrepasser leurs pouvoirs et de poursuivre, en vertu de la Déclaration de 1696, même ceux qui produisaient des titres de noblesse incontestables. Tel fût le cas de Boileau-Despréaux dont les titres de noblesse des plus authentiques remontaient à Jean Boileau, secrétaire du roi, anobli avec son fils en 1371. Un arrêt du 10 avril 1699 le maintint en la qualité de noble et d'écuyer. (Voir les remarques sous la *Satire* XI de Boileau, composée à l'occasion de ce procès. *OEuvres de M. Boileau-Despréaux* (à Genève, chez Fabri et Barrillot, MDCCXVI).

1. Plus tard pour faire face aux dépenses excessives de la fin du règne de Louis XIV et du règne suivant, on augmenta d'une manière démesurée le nombre des charges vénales et des titres acquis à prix d'argent. On réduisait ainsi le nombre des contribuables, mais on réalisait de suite de grosses sommes nécessaires pour payer les dettes les plus criardes.

toutes ces petites intrigues qui atteignent souvent au grotesque, mais qui reproduisent très exactement les manœuvres par lesquelles on cherchait à se prévaloir d'une prétendue *gentilhommerie*.

Certains bourgeois enrichis voulaient avoir au moins une apparence de droit, mais tout était bon pour leur faire illusion et flatter leur vanité. Dans la comédie du *Bourgeois gentilhomme*, toute la cérémonie turque du quatrième acte n'est pas une simple bouffonnerie, elle contient une mordante satire de cette manie des anoblissements injustifiés. Il est à remarquer que Molière, sans doute par respect de la législation française de l'époque, fait conférer à Jourdain des titres burlesques et de pure fantaisie, soi-disant étrangers (*Mamamouchi* et *Paladin*, acte V, sc. I), qui ne correspondaient à rien en France.

D'autres roturiers usurpaient purement et simplement, ou se créaient à eux-mêmes, un nom et un titre de noblesse, sans aucun droit, ni même aucune apparence de droit.

Dans l'*École des Femmes* (acte I, sc. I),
Arnolphe a la prétention de se faire appeler
M. de la Souche. Son ami Chrysalde lui ré-
pond avec beaucoup de sens :

Quel abus de quitter le vrai nom de ses pères
Pour en vouloir prendre un bâti sur des chimères !
De la plupart des gens c'est la démangeaison ;
Et, sans vous embrasser dans la comparaison,
Je sais un paysan qu'on appelait Gros-Pierre,
Qui, n'ayant pour tout bien qu'un seul quartier de
[terre,]
Y fit tout à l'entour faire un fossé bourbeux,
Et de Monsieur de L'Isle en prit le nom pompeux[1].

A la demande de M. Jourdain s'il est gentilhomme, Cléonte répond franchement :
« Monsieur, la plupart des gens sur cette ques-
« tion n'hésitent pas beaucoup. On tranche le
« mot aisément. Ce nom ne fait aucun scru-

---

1. D'après les notes de l'*Édition des grands écrivains*, ce passage serait une allusion à Thomas Corneille qui se faisait appeler Corneille de l'Isle, n'estimant sans doute pas que le nom
illustré par son frère fût assez glorieux. Molière était à l'époque en mauvais termes avec lui.

« pule à prendre, et l'usage aujourd'hui sem-
« ble en autoriser le vol. Pour moi, je vous
« l'avoue, j'ai des sentiments sur cette matière
« un peu plus délicats. Je trouve que toute
« imposture est indigne d'un honnête homme,
« et qu'il y a de la lâcheté à déguiser ce que
« le ciel nous a fait naître, à se parer aux
« yeux du monde d'un titre dérobé ; à se vou-
« loir donner pour ce qu'on n'est pas... » (*Le
« Bourgeois gentilhomme*, acte III, sc. XII).
Et Cléonte conclut : «... Je vous dirai fran-
« chement que je ne suis point gentilhomme. »

C'est condamner en excellents termes les
absurdes prétentions des parvenus et des faux
gentilshommes.

Un autre moyen de se rapprocher de la noblesse était entre nobles et bourgeois les mariages mixtes, lorsque le roturier ambitionnait
pour ses filles des titres de noblesse ; celles-ci
d'ailleurs y prêtaient souvent la main elles-
mêmes, car « que ne fait-on pas pour être
« grand'Dame » ? (*Le Bourgeois gentilhomme*,
acte V, sc. VI.)

Ainsi il arrivait qu'un gentilhomme sans fortune recherchant le mariage avec la fille de riches bourgeois, celle-ci acquérait par ce moyen un titre de noblesse, et ses enfants devenaient nobles, d'après les règles du droit qui édictaient que la noblesse se transmettait par les mâles [1].

Nous voyons la critique de ces unions dans *Le Bourgeois gentilhomme*. En vain M^me Jourdain expose tous les inconvénients des mésalliances. « Je ne veux point, dit-elle, qu'un gen-
« dre puisse à ma fille reprocher ses parents,
« et qu'elle ait des enfants qui aient honte de
« m'appeler leur grand'maman... » En vain elle rappelle à son mari que l'un comme l'autre descendent de pères, marchands de drap auprès de la porte Saint-Innocent, et encore qu'il vaut mieux un honnête homme riche et bien fait qu'un gentilhomme gueux et mal bâti.

Mais M. Jourdain dit : « J'ai du bien assez

1. *Rép.* Fuzier-Herman, v° *Noblesse*, n°^s 24, 25.

« pour ma fille, je n'ai besoin que d'honneur.
« et je la veux faire Marquise. » Et plus
loin il ajoute : « Voilà bien les sentiments
« d'un petit esprit, de vouloir demeurer dans
« la bassesse. Ne me répliquez pas davan-
« tage : ma fille sera Marquise en dépit de
« tout le monde ; et si vous me mettez en
« colère, je la ferai Duchesse. » (Acte III,
sc. XII.)

Ces mariages mixtes avaient lieu aussi
inversement, c'est-à-dire il arrivait qu'un
roturier riche épousât une demoiselle noble
sans fortune, c'était alors pour celle-ci vraiment une mésalliance. Là, l'anoblissement ne
pouvait se produire, ni pour le mari ni pour
les enfants ; car légalement, la noblesse ne
pouvait être acquise par les femmes, mais on
cherchait à éluder cette règle. Dans certaines
provinces (Champagne, Barrois, Artois, etc),
on avait la prétention de soutenir que la
noblesse s'y transmettait par les femmes.
Cette prétention, contraire au droit généralement admis, donna lieu à de nombreuses

contestations [1] et fit l'objet de bien des railleries. Nous en voyons une preuve dans *George
Dandin* (acte I, sc. IV) : M^me de Sotenville
dit à son gendre qu'il a l'avantage d'être allié
à la maison de la Prudoterie, dont elle a l'honneur d'être issue, « maison où le ventre ano-
blit, et qui, par ce beau privilège, rendra vos
enfants gentilshommes. » George Dandin se
trouvait ainsi un peu gentilhomme par reflet,
et contentait par là sa sotte vanité [2].

Cette comédie de *George Dandin*, des plus
critiquables au point de vue de la morale,
renfermé cependant un enseignement dont on
ne comprend pas toujours la portée : d'une
part en effet, elle condamne de pareilles mésalliances fondées uniquement sur l'intérêt et la
vanité, d'où naissent les plus déplorables scan-
dales ; et d'autre part, elle contient la plus vio-

1. Ragueau et de Laurière. Glossaire du droit français,
v° *Noblesse par les mères* (Troyes, Meaux, Chaumont, Châlons).
— *Rép.* Fuzier-Herman, v° *Noblesse*, n° 26.

2. Faguet. *Rousseau contre Molière*, p. 98 et suiv.

lente satire de la morgue outrageante et sotte
de certains gentilshommes.

Comme le dit avec justesse *George Dandin*
(acte I, sc. I) ; « ... lorsqu'ils (les gentilshom-
« mes) nous font, nous autres, entrer dans
« leur famille, l'alliance qu'ils font est petite
« avec nos personnes, c'est notre bien seul
« qu'ils épousent. »

Le portrait tracé par Molière du hobereau
ridicule ne paraît avoir rien de forcé [1], et il en
faut dire autant de certaines autres critiques
des personnes de condition de quelques comédies. Ainsi, la comtesse d'Escarbagnas prête
non moins à rire *avec son perpétuel entête-
ment de qualité*. Son dédain est également
risible, lorsqu'elle s'écrie dans la scène II.
« ... Ce qui me met hors de moi, c'est qu'un
« gentilhomme de ville de deux jours, ou de

---

1. Mᵐᵉ de Sévigné, dans une lettre datée d'Orléans, mercredi 8 juin 1680, dit avoir été secourue dans un accident de voiture par *le véritable portrait de M. de Sotenville*, qui fit venir sa femme *qui est assurément de la Prudoterie, où le ventre ano-blit.*

« deux cents ans, aura l'effronterie de dire
« qu'il est aussi bien gentilhomme que feu
« Monsieur mon mari, qui demeurait à la
« campagne, qui avait meute de chiens cou-
« rants, et qui prenait la qualité de comte
« dans tous les contrats qu'il passait. » Ainsi
pour certains, ce n'étaient pas les parchemins,
mais la manière de vivre qui déterminait la
noblesse.

M. de Pourceaugnac revendique aussi la
qualité de gentilhomme, et s'il s'en prévaut,
c'est parce qu'il « est fâcheux à un gen-
« tilhomme d'être pendu, et qu'une preuve
« comme celle-là ferait tort à nos titres de
« noblesse » (acte III, sc. II). Pour se moquer
de cette vanité posthume, Sbrigani ajoute :
« Vous avez raison, on vous contesterait après
« cela le titre d'écuyer... » Les gentilshommes condamnés à mort, considéraient en effet
comme un privilège d'être décapités, au lieu
d'être pendus comme l'étaient les roturiers[1].

En mettant en scène les procédés peu déli-

---

1. *Rép.* Fuzier-Herman, vº *Noblesse*, nº 54.

cats de Dorante dans le *Bourgeois gentilhomme* [1], et la désinvolture de certains
grands seigneurs vis-à-vis de leurs créanciers
et fournisseurs, dans *Don Juan* (Scène de
M. Dimanche, acte IV, sc. III), Molière semble bien vouloir livrer à la critique du public
de semblables procédés. Tout en excitant le
rire, il n'entend pas approuver.

Dans un autre ordre d'idées, il faut aussi
voir une critique du parti pris des membres
de la Noblesse qui, tout en honorant les lettres, les sciences et les arts, trouvaient au-
dessous d'eux de s'y adonner, dans ces paroles d'Adraste : « Tu sais que de tout temps
« je me suis plu à la peinture, et que parfois
« je manie le pinceau contre la coutume de
« France, qui ne veut pas qu'un gentilhomme
« sache rien faire... » (*Le Sicilien ou l'Amour
peintre*, sc. IX) [2].

1. Conf. Faguet, *op. sup. cit.*, p. 90 et suiv.
2. Colbert chercha par divers moyens à combattre cette
fâcheuse tendance de la noblesse (Augustin Thierry. *Essai sur
l'histoire du Tiers-État*, chap. X).

Enfin, on peut voir une moquerie des susceptibilités excessives de certains gentilshommes, dans le procès grotesque intenté par Oronte à Alceste devant le tribunal des Maréchaux (*Le Misanthrope*, acte II, sc. V et VI). Ce tribunal avait pour mission de juger souverainement les questions de point d'honneur entre gentilshommes et officiers de l'armée, dans le but d'empêcher les duels. Des peines assez sévères pouvaient être prononcées contre les auteurs d'injures et d'outrages, mais le plus souvent tout se résolvait dans une convocation pour réconciliation, et l'avertissement en était donné par un garde, comme dans *Le Misanthrope* [1].

Nous avons vu dans ces diverses comédies,

---

1. Un édit de septembre 1651 reproduisant des dispositions antérieures, notamment l'ordonnance de Moulins 1566, défendait rigoureusement le duel et maintenait le tribunal des Maréchaux. Ce tribunal était formé de l'ensemble des Maréchaux de France présidés par leur doyen. En province les Maréchaux étaient suppléés par les gouverneurs, les lieutenants-généraux et même par de simples gentilshommes (Collection des grands écrivains, Molière, *Le Misanthrope*, p. 491, note).

l'arrogance des membres de la Noblesse condamnée par le ridicule et la raillerie. Quelle était la raison d'être de cette attitude des gentilshommes? De Tocqueville [1] nous en donne une explication pour la dernière période de l'ancienne Monarchie, explication déjà vraie sous le règne de Louis XIV : « Le seigneur qui « résidait dans ses terres montrait d'ordinaire « une certaine bonhomie familière envers les « paysans ; mais son insolence vis-à-vis des « bourgeois ses voisins, était presque infinie. « Elle n'avait cessé de croître à mesure que « son pouvoir politique avait diminué, et par « cette raison même ; car d'une part, cessant « de gouverner, il n'avait plus d'intérêt à ménager « nager ceux qui pouvaient l'aider dans cette « tâche, et, de l'autre, comme on l'a remarqué « souvent, il aimait à se consoler, par l'usage « immodéré de ses droits apparents, de la « perte de sa puissance réelle... »

En d'autres termes, après l'écroulement

1. *L'ancien Régime et la Révolution*, p. 134, 135. — P. Viollet, p. 613.

du Régime féodal, il n'en restait plus que des vestiges : privilèges ou prérogatives, parfois purement honorifiques, simulacres de puissance, mais ayant souvent un caractère vexatoire ; aussi « c'est avec vérité qu'on a pu « dire qu'en détruisant une partie des insti- « tutions du moyen âge, on avait rendu cent « fois plus odieux ce qu'on en laissait » [1].

C'est de ces abus, de ces vexations et de ces ridicules dont Molière se moque avec tant de virulence.

Mais il serait tout à fait inexact de voir dans ces mordantes satires une attaque des institutions et des lois de son époque, et il serait tout à fait injuste de vouloir les généraliser et les étendre par exemple à toute l'aristocratie, qui présentait dans son ensemble les plus éminentes qualités, bien qu'imbue trop souvent de regrettables préjugés de caste.

Molière considère les privilèges et prérogatives, en récompense de bons et loyaux

_______________

1. De Tocqueville, *id.*, p. 47.

services rendus à l'État, comme bien justifiés. Nous en voyons la preuve dans la comédie de *Tartuffe*. Tout en adressant un flatteur
remerciement à Louis XIV, qui malgré les
plus vives oppositions venait d'autoriser la
représentation de la pièce, Molière s'exprime
en ces termes pour justifier l'insigne faveur
accordée à Orgon :

Et c'est le prix qu'il donne au zèle qu'autrefois
On vous vit témoigner, en appuyant ses droits,
Pour montrer que son cœur sait, quand moins on y
[pense,
D'une bonne action verser la récompense,
Que jamais le mérite, avec lui, ne perd rien,
Et que mieux que du mal il se souvient du bien.

(Acte V, sc. VII.)

Quant à la noblesse de naissance, elle n'est
digne de respect qu'à la condition d'être ac-
compagnée de l'honneur et de la vertu[1]. En ce

---

1. La Bruyère. *Les caractères. De quelques usages.*

sens, Molière met dans la bouche de Don Louis s'adressant à son fils Don Juan (*Don Juan*, acte IV, sc. IV) une magnifique profession de foi : « ... Qu'avez-vous fait dans le monde pour « être Gentilhomme? Croyez-vous qu'il suf- « fise d'en porter le nom et les armes, et que « ce nous soit une gloire d'être sorti d'un « sang noble, lorsque nous vivons en infâ- « mes? Non, non, la naissance n'est rien où « la vertu n'est pas... Apprenez enfin qu'un « Gentilhomme qui vit mal, est un monstre « dans la nature, que la vertu est le premier « titre de Noblesse; que je regarde bien moins « au nom qu'on signe, qu'aux actions qu'on « fait, et que je ferais plus d'état du fils d'un « crocheteur, qui serait honnête homme, que « du fils d'un Monarque qui vivrait comme « vous. »

En résumé, Molière respecte l'ordre social, l'état et la condition des personnes tels que l'établissait la législation de son temps, mais il s'attaque aux abus, aux travers et aux ridi- cules, tant des bourgeois que des gentilshommes. Or comme ces abus et ces ridicules sont souvent la conséquence des défauts du caractère, mais aussi parfois des dispositions législatives elles-mêmes, on peut y voir dans certains cas, une critique légère et indirecte de la loi.

Enfin, peu importe que les institutions aient changé, le théâtre moliéresque porte un enseignement encore de nos jours. Ne voyons-nous pas trop souvent le faux orgueil étaler toute son insolence, et la vanité se produire à tous moments dans le monde, ne serait-ce qu'à la recherche des titres, des décorations et des places?

# CHAPITRE III

## La puissance paternelle.
## Le consentement des pères et mères au mariage.

Le mariage, avec le cortège des intrigues qui le précède et l'entoure trop souvent, forme le thème ordinaire de tous les écrivains de la scène. Le théâtre de Molière comporte un plus large enseignement. On y rencontre non seulement des critiques qui visent des usages respectables dans leur principe, mais condamnables dans leurs abus, mais aussi, un peu par voie de conséquence, la condamnation de certains vices de la législation du temps. C'est ainsi que ces critiques qui semblent tout d'abord excessives, peuvent trouver une certaine justification.

Le consentement des pères et mères aux mariages de leurs enfants attire vivement l'attention, car les débats qui en naissent se reproduisent sans cesse.

La comédie des *Femmes savantes* contient une scène amusante où les mœurs sont prises sur le vif (acte V, sc. III). On va procéder à un mariage. Le notaire dresse le contrat de mariage contenant le consentement des pères et mères au mariage à célébrer, car, dans notre ancien Droit coutumier comme maintenant, le contrat pécuniaire devait précéder la célébration [1]. Molière en profite pour railler le style notarial, tout en se moquant de la préciosité des femmes savantes [2] :

PHILAMINTE

Vous ne sauriez changer votre style sauvage,
Et nous faire un contrat qui soit en beau langage ?

1. Voir aussi *L'Amour médecin*, acte III, sc. VII. — Voir l'Appendice.

2. Nous reproduisons le texte de ce passage, comme de toutes les autres citations, d'après l'édition de MDCCXVIII à Paris, par la Compagnie des Libraires. — Voir sur la scène citée au texte : éd. Hachette : Les grands écrivains : Molière, *Les Femmes savantes*, note, p. 191.

LE NOTAIRE

Notre style est très bon, et je serais un sot,
Madame, de vouloir y changer un seul mot.

BÉLISE

Ah ! quelle barbarie, au milieu de la France !
Mais au moins, en faveur, Monsieur, de la science,
Veuillez au lieu d'écus, de livres et de francs,
Nous exprimer la dot en mines et talents,
Et dater par les mois d'Ides et de Calendes.

LE NOTAIRE

Moi ? si j'allais, Madame, accorder vos demandes,
Je me ferais siffler de tous mes compagnons.

. . . . . . . . . . . . . . . . .

LE NOTAIRE

Procédons au contrat. Où donc est la future ?

PHILAMINTE

Celle que je marie est la cadette.

LE NOTAIRE

Bon.

CHRYSALE

Oui, la voilà, Monsieur, Henriette est son nom.

LE NOTAIRE

Fort bien. Et le futur ?

PHILAMINTE (*montrant Trissotin*)

                    L'époux que je lui donne
Est Monsieur.

CHRYSALE (*montrant Clitandre*)

          Et celui, moi, qu'en propre personne
Je prétends qu'elle épouse, est Monsieur.

LE NOTAIRE

                              Deux époux !
C'est trop pour la coutume.

. . . . . . . . . . . . . . .


Le père et la mère ne peuvent s'entendre,
le notaire ajoute :


Mettez-vous donc d'accord, et d'un jugement mûr,
Voyez à convenir entre vous du futur.

Mais la discussion continue, avec l'amusante intervention de Martine dont le gros bon sens s'indigne que la mère veuille faire prévaloir son candidat, car :

La poule ne doit point chanter devant le coq [1].

Enfin Clitandre, l'élu choisi par la fille et approuvé par le père, l'emporte, grâce à son désintéressement.

Le consentement des pères et mères ou tuteurs au mariage de leurs enfants ou pupilles, tient une place importante dans la plupart des comédies de Molière. Le consentement de la mère était aussi indispensable que celui du père, car ainsi que le dit M^{me} Jourdain : « Oui, elle est à moi, aussi bien qu'à « vous. » (Le *Bourgeois gentilhomme*, acte V, sc. VI.) On peut être surpris de voir à quel

1. L'article 148 du Code civil, maintenu sur ce point par l'article 6 de la loi du 21 juin 1907 dispose que : « ... en cas de dissentiment, le consentement du père suffit. » Mais la mère doit toujours être consultée.

point l'intervention des parents est critiquée ;
et il semble, à première vue, que Molière
n'ait d'autre but que de décrier l'autorité paternelle. Mais cette interprétation serait erro-
née : en cette matière il est vrai de dire qu'au
delà des mœurs, ce sont les lois elles-mêmes
qui sont atteintes, en ce qu'elles ont d'arbitraire et d'odieux. Toute cette partie de l'œuvre moliéresque a une portée beaucoup plus
grande qu'on ne croit à première vue, elle est
le reflet et la critique indirecte de la législation de l'époque. L'étude de cette législation
est donc indispensable pour bien comprendre
le sens de certaines comédies.

Tout en les réprouvant, l'Eglise avait toujours eu une tendance à reconnaître la validité des mariages conclus librement par les
parties, sans le consentement du père et de
la mère ; autrement dit, ces mariages n'étaient
pas nuls à raison de ce défaut de consentement des parents, mais les contractants étaient
coupables d'un péché. Cette doctrine très

libérale était consacrée par le Concile de Trente (1545-1563) [1].

Le législateur civil au contraire, imbu à l'excès des principes du droit romain, maintint avec une rigueur sans égale, la nécessité du consentement des parents. Lorsqu'il s'agissait de mineurs (moins de vingt-cinq ans pour les femmes, moins de trente ans pour les hommes), non seulement le mariage pouvait être annulé en droit civil, sur la demande des parents, à moins qu'ils n'aient manifesté depuis leur approbation, mais encore les pères et mères avaient le droit de prononcer l'exhérédation de leur enfant, de révoquer les donations à lui faites, etc. [2].

Le droit civil s'écartait ainsi du droit canon

1. P. Viollet. *Précis de l'histoire du Droit français*, p. 342 et suiv. (Larose et Forcel, éd. Paris, 1886).

2. Édit de février 1556. Ordonnance de Blois de mai 1579, art. 40 et suiv. Ordonnance du 26 novembre 1639. Déclaration du 22 novembre 1730. — Pothier (éd. Bugnet), t. VI, p. 203, t. IX, p. 53. — D'Aguesseau, *OEuvres choisies* (Ledoux, éd. 1820), t. II, p. 323, arrêt du 4 juillet 1693). — Fagniez, *Revue des Deux-Mondes*, 1er janvier 1911, p. 119, 120 et suiv.

qui, lui, reconnaissait la validité de ces mariages, et l'on peut y voir une sorte de distinction qui s'établit de 1598 à 1648 entre le sacrement et le contrat civil [1].

Après vingt-cinq ans pour les femmes et trente ans pour les hommes, les intéressés avaient capacité de contracter mariage, sans le consentement de leurs ascendants, mais ils étaient obligés de demander ce consentement par deux actes dits de *sommations respectueuses*. Après ces deux réquisitions, ils pouvaient passer outre à la célébration du mariage, et étaient couverts de toutes peines [2].

Si les enfants majeurs omettaient de demander ainsi le consentement de leurs pères et mères, leur mariage était valable, mais les parents étaient en droit de les exhéréder. La législation et la jurisprudence avaient établi

1. Fagniez, *ut supra*, p. 148.

2. Edit de février 1556 ; Ordonnance de Blois, mai 1579 ; Déclaration, 26 novembre 1639 ; Arrêt de règlement de 1692 ; Edit de mars 1697 ; — Pothier, t. IX, p. 53.

cette cause d'exhérédation, en plus de celles précédemment admises d'après le Droit Romain. De même que les mineurs non autorisés, les majeurs pouvaient être exhérédés, perdre même tout droit à la légitime, les donations pouvaient être révoquées [1]. Ce droit était critiqué et avait donné lieu à des abus.

Le père de famille avait d'autres moyens de coercition contre ses filles, c'était l'internement au couvent, la claustration forcée qu'une fâcheuse pratique avait tolérée, sous l'apparence de correction paternelle, et qui, en fait sinon en droit, pouvait devenir perpétuelle [2].

1. Voir les nombreux textes cités *supra*. — Domat. *Les lois civiles*, 1re partie, n° III, *in fine*, p. 374. — Claude de Ferrière. *Nouveau commentaire de la coutume de Paris*, sur l'art. CCCXVIII t. II, p. 362. — Pothier, t. 1er, p. 373, t. V, p. 203. — Demolombe, t. II des donations, n°s 27 et 28. — P. Viollet, p. 748. — Ce motif d'exhérédation donnait bien souvent lieu à des procès scandaleux (D'Aguesseau, t. III, p. 85 ; 18e plaidoyer, 3 avril 1691, p. 199 ; 21e plaidoyer, 19 juillet 1695).

2. Les rois de France avaient cherché à mettre un terme à ces abus, en prescrivant aux évêques de s'assurer de la liberté des vocations. Déclaration du 10 février 1741. En fait, à l'époque

Ce moyen était trop souvent employé sous l'ancien régime, surtout dans les familles nobles ; il permettait la concentration des biens entre les mains du fils aîné, puisque l'état religieux entraînait la déchéance du droit de succéder[1]. Quant aux fils, on usait parfois

de la Révolution fort peu de religieuses consentirent à renoncer à leurs vœux ; d'où l'on peut conclure que les vocations forcées étaient rares. Abbé Sicard. *Revue des Deux-Mondes*. 15 décembre 1909, v. *infra*.

1. Coutume de Paris. art. 337 : « religieux et religieuses profès ne succèdent à leurs parents, ni monastère pour eux. » Cl. de Ferrière, t. II, p. 405.

Les vocations forcées imposées aux jeunes filles tendirent sans doute à diminuer de plus en plus. On en a la preuve dans les enquêtes faites lors de la Révolution. Presque toutes les religieuses protestèrent contre la fermeture de leurs couvents et déclarèrent vouloir rester en religion. (Voir sur cette intéressante question : M. l'abbé Sicard, La vieille France monastique, *Revue des Deux-Mondes*, 15 décembre 1909.)

Cependant de regrettables abus du pouvoir paternel existèrent encore parfois jusqu'à la veille de la Révolution. C'est ainsi que M. l'abbé Sicard (*Revue hebdomadaire*, 10 février 1912, p. 232) nous cite un touchant exemple de ces vocations forcées concernant Mlle de Rochefort que son père avait fait entrer au couvent à 17 ans, bien qu'elle fût éprise de son cousin, le comte de Rochefort, lequel répondait à ses sentiments. A trente ans, ayant obtenu de l'archevêque de Reims, la permission d'aller trois ou quatre mois chez sa sœur, la vue d'un

de lettres de cachet contre eux, même lorsqu'ils étaient majeurs [1].

Mais ces lois et ces usages, bien que sévères, peuvent paraître doux, si on les compare
à la législation qui régissait les mariages
entre majeurs et mineurs, lorsque ces derniers n'avaient pas obtenu le consentement
de leurs pères et mères ou de leurs tuteurs
s'ils étaient orphelins. Dans ce cas en effet,
on considérait le conjoint majeur comme coupable du crime de rapt de séduction, et passible de ce chef de la peine de mort, par assimilation au rapt de violence. On comprend
difficilement qu'une législation aussi barbare
ait pu exister dans le siècle de Louis XIV, et
cependant l'examen de la législation ne peut
laisser aucun doute à cet égard [2]. On peut

jeune ménage de paysans entouré de quatre enfants lui rap-
pela ses jeunes années et son bonheur perdu. Elle fut prise
d'une maladie de consomption dont elle mourut.

1. P. Viollet, p. 712.

2. P. Viollet, p. 344, 345. — Domat. Supplément des Lois civiles, livre III du *Droit public*, titre X § XIV. Voir sur cette
question : 34ᵉ plaidoyer de D'Aguesseau du 5 avril 1699, dans la
cause du Sʳ de Saint-Gobert et son fils et d'Henri des Marets.

citer : l'ordonnance de Blois de mai 1579, l'ordonnance de janvier 1629, l'ordonnance du 26 novembre 1639, l'ordonnance du 22 novembre 1730.

Bien qu'injustifiables par leur excessive dureté, ces dispositions pouvaient avoir jusqu'à un certain point une explication, lorsqu'il s'agissait d'un enlèvement de mineure fait contre son gré, et avec violence. De pareils faits avaient en effet trop de tendance à entrer dans les mœurs : ainsi en 1625, certains grands seigneurs ne craignaient pas d'enlever des jeunes filles en plein Paris [1]. La réitération des actes du pouvoir royal contre le crime de rapt prouve bien la difficulté que l'on trouvait à l'empêcher.

Peut-être même doit-on voir une allusion ironique à ces mœurs dignes de la barbarie

---

1. Fagniez. *Revue des Deux-Mondes*, 1ᵉʳ janvier 1911, p. 123. — Des mariages auraient été contractés ainsi sous l'empire de la violence par des gentilshommes sans fortune enlevant de riches héritières. — Parfois même des lettres de cachet obtenues par surprise servaient à cet usage. L'ordonnance d'Orléans de janvier 1560, art. 161, punit ces faits comme crimes de rapt.

des premiers âges, lorsque Thomas Diafoirus invoque niaisement la coutume des anciens consistant à enlever par force les filles de la maison de leurs pères, ou à en faire le simulacre avant le mariage, et lorsque Angélique lui répond que ces coutumes et grimaces ne sont pas de notre siècle. (*Le Malade Imaginaire*, acte II, sc. VI.)

On s'étonne que la législation, au temps de Molière et même plus récemment, ait assimilé au rapt de violence, le rapt de séduction, et considéré ainsi toute union contractée de plein gré entre personnes, dont l'une était majeure et l'autre mineure, lorsque cette dernière n'avait pas obtenu le consentement de ses père et mère, ou de son tuteur si le mineur était orphelin, même lorsque le consentement avait été donné après coup. Ces mariages étaient qualifiés de clandestins, surtout ceux célébrés par un autre que le curé. En l'absence de toute violence, on supposait que le mineur avait été suborné.

Tous les actes de l'autorité royale précédemment cités, édictent la peine de mort, sans espérance de grâce et de pardon, contre tous ceux ou celles qui seront convaincus de rapt de séduction[1]: d'avoir séduit ou suborné des fils ou filles (même des veuves) mineurs de vingt-cinq ans pour parvenir à un mariage à l'insu ou sans le consentement des pères, mères, tuteurs, etc.[2].

Cette législation était surtout le fait de certains juristes imbus, en cette matière, d'opinions erronées[3]. Mais il faut penser que, malgré certains faits regrettables, l'autorité

1. D'après Pothier, *Traité de la procédure criminelle*, section VII, art. II (t. X, p. 502), c'était seulement au cas de rapt de violence et non au cas de rapt de séduction que le roi refusait des *lettres de grâce* ou *d'abolition*.

2. La déclaration de 1730, rendue à la requête des Etats de Bretagne, aggravait encore pour la Bretagne, la législation antérieure, en ce qu'elle abolissait la disposition de la coutume de cette province qui exemptait de la peine de mort le condamné pour rapt de séduction, s'il se mariait avec le consentement des parents de la personne subornée ou ravie.

3. P. Viollet, p. 344, 345. — D'Aguesseau lui-même soutenait avec chaleur cette législation, v. notamment son plaidoyer dans l'affaire de Saint-Gobert précitée.

royale ou les tribunaux surent mettre des tempéraments dans la pratique. Comme le dit de Tocqueville : « L'ancien Régime est là tout entier : une règle rigide, une pratique molle : tel est son caractère [1]. »

En plus des peines susdites, les mineurs (fils ou filles), leurs enfants et leurs hoirs, sont aux termes de l'ordonnance du 26 novembre 1639, indignes et incapables à jamais de recueillir les successions de leurs pères, mères, aïeuls, et toutes autres successions directes et collatérales, comme aussi les droits et avantages qui auraient pu leur être acquis par contrat de mariage et testament, ou par les lois et coutumes, même par le droit de légitime.

On comprend l'odieux d'une législation qui ne tenait compte ni de l'entraînement de l'âge, ni des circonstances, ni même des impossi-

_______

1. *L'ancien Régime et la Révolution*, p. 99. — Conf. Domat, *loc. sup. cit.*

bilités de fait[1]. Molière, interprète du bon sens populaire, ne vise pas expressément cette législation draconienne, mais dans toute son œuvre, apparaît la critique du caractère absolu et tyrannique et des abus de toutes sortes de l'autorité paternelle en fait de mariage. Le père ne se borne pas à conseiller, car la plupart du temps, il entend imposer par force un mariage, conforme à ses propres intérêts, mais qui répugne à son enfant.

Ainsi dans *Sganarelle* (acte I, sc. I), le père indigné crie à sa fille :

Je n'aurai pas sur vous un pouvoir absolu,
Et par sottes raisons votre jeune cervelle
Voudrait régler ici la raison paternelle?
Qui de nous deux à l'autre a droit de faire loi?

Et plus loin, il résume bien les idées de certains pères :

1. Bien des obstacles pouvaient en effet empêcher de demander ou d'obtenir le consentement des parents, en dehors de tout parti-pris: obstacles matériels, absence, éloignement, etc.

Mais suis-je pas bien fat de vouloir raisonner
Où de droit absolu j'ai pouvoir d'ordonner ?

Dans l'*Avare*, de même que dans *Sganarelle*, la question d'argent prime toutes les
autres : Harpagon ne regarde pas à refuser à
sa fille le mari qu'elle désire, et à exiger qu'elle
épouse un veuf beaucoup plus âgé qu'elle, du
moment où il est riche et où il prend la fille
*sans dot* (l'*Avare*, acte I, sc. V) [1].

Dans *Tartuffe*, c'est par des considérations
pieuses qu'Orgon refuse son consentement
au mariage désiré par sa fille, et veut la con-
traindre à se marier avec le faux dévot qu'il
vante en ces termes :

Enfin avec le ciel l'autre est le mieux du monde,
Et c'est une richesse à nulle autre seconde.
Cet hymen de tous biens comblera vos désirs,
Il sera tout confit en douceurs et plaisirs.

(Acte II, sc. II).

1. Cette grande raison : *sans dot*, faisait passer les plus grands
seigneurs sur toutes les considérations (Duc de Saint-Simon,
*Mémoires*, t. II, p. 277, t. III, p. 297. *Les grands écrivains de
la France*, Ad. Régnier. Hachette, éd.).

Dans *Le Malade imaginaire*, pour imposer à Angélique le ridicule Thomas Diafoirus, Argan dit : « Ma raison est que, me voyant « infirme et malade comme je suis, je veux « me faire un gendre et des alliés méde- « cins, afin de m'appuyer de bons secours « contre ma maladie, d'avoir dans ma famille « les sources des remèdes qui me sont néces- « saires, et d'être à même des consultations « et des ordonnances. » Et plus loin : « C'est « pour moi que je lui donne ce médecin ; et « une fille de bon naturel doit être ravie « d'épouser ce qui est utile à la santé de son « père. » (Acte I, sc. V.)

Pour *le Bourgeois gentilhomme*, il faut un gendre titré : à Cléonte qui lui demande la main de sa fille, et avoue n'être pas gentil- homme, il répond : « Touchez là, monsieur. « Ma fille n'est pas pour vous... Vous n'êtes « pas gentilhomme, vous n'aurez pas ma « fille. » (Acte III, sc. XII.)

Quant aux conséquences des mariages for- cés, contractés sans le consentement sincère

de la femme, on les voit dans *George Dandin*
(acte II, sc. II, notamment).

Ainsi, des motifs de diverses sortes sont
invoqués par le père ; et comme on ne pouvait passer outre sans s'exposer à de graves
sanctions, le pouvoir paternel se trouvait ren-
fermer des abus. C'est uniquement ces abus
que Molière stigmatise, et par voie indirecte
la législation trop impitoyable. Si nos lois
actuelles sont incomparablement plus douces,
il faut bien reconnaître que nombre des critiques de Molière trouvent encore de nos jours
leur application.

Pour parer à ces difficultés, les fils et filles ne manquaient pas d'employer toutes sortes de subterfuges pour surprendre ou con-
traindre le consentement de leurs parents.
Toutes les comédies de Molière sont pleines
de ces moyens plus ou moins honnêtes ou
légaux, il faudrait les citer toutes.

Lorsque les pères refusent leur consentement, ils ne manquent pas de menacer leurs
enfants, fils ou fille, de les exhéréder (*L'Avare,*

acte IV, sc. V. — *Les Fourberies de Scapin*, acte I, sc. IV). Ce pouvait être légal si le mariage se faisait sans le consentement des parents ou contre leur gré, ou sans qu'ils en aient reçu la mise en demeure ; mais c'était illégal, si le fils ou la fille refusait seulement de contracter le mariage imposé par le père.

Ailleurs, la jeune fille est menacée du couvent. Dans *Le Malade imaginaire*, Molière nous fait toucher du doigt le danger d'un pareil pouvoir, surtout lorsque le père a convolé en secondes noces. Dans l'acte I, scène V, on met bien en opposition l'affection du père avec son pouvoir d'enfermer sa fille dans un couvent. Mais combien le sentiment paternel est faussé et vicié par des intérêts contraires. Ainsi Argan, dans la même scène, dit à sa fille : « Ma femme, votre belle-mère, avait envie « que je vous fisse religieuse et votre petite « sœur Louison aussi ; et de tout temps elle a « été aheurtée à cela. » Le public ne manque pas de dire avec Toinette : « La bonne bête « a ses raisons. » L'idée est développée dans

un dialogue entre Argan et son frère Béralde
(acte III, sc. XI.) Enfin Argan montrant Thomas Diafoirus à Angélique, dit à celle-ci :
« Ecoute, il n'y a point de milieu à cela. Choi-
« sis d'épouser dans quatre jours ou Mon-
« sieur, ou un couvent. » (Acte II, sc. VI.)

On doit observer que, d'après la législation
de l'époque, ce droit du père de famille se
confondait avec son droit de correction et ne
pouvait être exercé qu'en vertu d'une ordonnance du juge, lorsque, comme dans l'espèce,
le père était remarié [1]. Mais cette ordonnance
du juge n'était sans doute qu'une simple for-
malité, ne suffisant pas à garantir contre les
abus d'autorité si bien condamnés par Molière.

A toutes ces rigueurs autorisées ou tolérées
par les lois, l'affection paternelle, l'honneur
du nom, la crainte des procès et bien d'autres
considérations, mettaient en fait des tempéraments, même lorsque le mariage avait été
contracté sous l'empire de la violence (*Les
Fourberies de Scapin*, acte I, sc. V ; acte II,

---

1. Pothier, t. VI, p. 51.

sc. V.) Mais nous savons que toutes ces considérations n'étaient que trop souvent insuffisantes pour empêcher de regrettables abus dont on vit des exemples jusqu'à la veille de la Révolution.

L'ancienne législation était particulièrement sujette à critique, lorsque le consentement au mariage appartenait à un tuteur, même assisté d'une sorte de conseil de famille, et cela surtout lorsqu'il prétendait à la main de sa pupille[1]. Sans doute, lorsqu'il s'agissait d'autres que du père et de la mère, ou lorsque ceux-ci étaient remariés, on autorisait le mineur à assigner devant le juge pour statuer sur le consentement à intervenir ; mais on peut supposer que dans ce cas également cette garantie était souvent illusoire.

Du rapprochement entre ces diverses scè-

---

1. *L'Ecole des maris*, acte I, sc. II. — Dans *l'Ecole des femmes*, on voit une mère pauvre qui a vendu sa toute petite fille à Arnolphe. C'est une réminiscence et une critique de la vente des enfants pratiquée anciennement, et même dans des temps plus récents, au cas où le père était dans une extrême misère (P. Viollet, p. 421).

nes et le droit de l'époque, on peut conclure que Molière n'entend nullement, comme le prétend J.-J. Rousseau, décrier et avilir l'autorité paternelle, mais entend seulement condamner ses excès d'arbitraire, soutenus par une législation de fer ; c'est donc cette législation qui est visée indirectement.

Cela est si vrai que dans maints passages et dans les meilleurs termes, Molière reproduit, le devoir qu'ont les enfants de demander le consentement de leurs parents en vue de leur mariage. Dans *L'Avare*, Cléante s'exprime ainsi : « Oui, j'aime. Mais avant que d'aller « plus loin, je sais que je dépends d'un père, « et que le nom de fils me soumet à ses volon- « tés ; que nous ne devons point engager no- « tre foi sans le consentement de ceux dont « nous tenons le jour ; que le Ciel a fait les « maîtres de nos vœux, et qu'il nous est en- « joint de n'en disposer que par leur conduite : « que n'étant prévenus d'aucune folle ardeur, « ils sont en état de se tromper bien moins « que nous et de voir beaucoup mieux ce

« qui nous est propre ; qu'il en faut plutôt
« croire les lumières de leur prudence que
« l'aveuglement de notre passion, et que
« l'emportement de la jeunesse nous entraîne
« le plus souvent dans des précipices fâ-
« cheux... » (*L'Avare*, acte I, sc. II. — Dans
le même sens : *Les Femmes savantes*, acte I,
sc. II.)

Ainsi c'est un devoir. Mais l'omission de
ce devoir ne peut avoir les sanctions édictées
par une législation trop dure et complice de
trop d'abus. Molière n'exprime pas cette
conclusion, il laisse ce soin au public. Chose
curieuse, son opinion semble se rapprocher de
celle de l'Eglise qui considérait ce devoir des
enfants surtout comme une obligation morale.

Par une réaction bien compréhensible en
l'espèce, la législation révolutionnaire abolit
les lois civiles et pénales concernant les mariages, spécialement le rapt de séduction ;
mais, allant trop loin, elle se borna à exiger le
consentement des père et mère, jusqu'à l'âge

de vingt-et-un ans pour les femmes et de vingt-cinq ans pour les hommes. Les mineurs orphelins purent même se marier contre l'avis de leur conseil de famille.

Le Code civil, dans ses articles 148 et suivants renfermait des dispositions un peu analogues à notre ancien droit, mais bien entendu, sans édicter ses rigoureuses sanctions. Une loi du 20 juin 1896 y apporta certaines modifications, dans le but de faciliter les mariages.

Ces formalités ont paru encore excessives; et dans un but essentiellement pratique, la loi du 21 juin 1907 décide que le consentement des parents, des grands-parents ou du conseil de famille ne sera obligatoire pour les hommes comme pour les femmes que jusqu'à l'âge de vingt-et-un ans révolus. Au-dessus de cet âge, ils pourront se marier sans le consentement de leurs père et mère, mais ils devront leur notifier préalablement leur projet d'union. Cette notification n'est même plus exigée après l'âge de trente ans révolus.

On peut trouver que certaines de ces réformes amoindrissent avec excès la *patria potestas*. Les raisons qui ont déterminé le législateur sont, moins de vaincre une résistance parfois systématique, que de faciliter les mariages en supprimant des formalités onéreuses, et souvent très difficiles à accomplir en fait [1].

Mais on peut reprocher à quelques-unes des dispositions nouvelles de la loi de dépasser le but, de porter une atteinte regrettable à l'autorité du père et au respect qui lui est dû, d'accord en cela avec les divers systèmes socialistes qui tendent à soustraire l'enfant à la direction paternelle, dans le but d'ébranler la constitution de la famille. Le législateur aurait pu, tout en mettant fin à un formalisme inutile, conserver les actes de déférence que l'enfant à tout âge doit à ses père et mère [2].

1. La loi du 20 juin 1896 avait déjà donné certaines facilités, notamment en ce qui concerne les actes de décès des ascendants.

2. Voir sur la nécessité de conserver l'autorité paternelle : Paul Bourget. *La famille*. Echo de Paris du 12 juillet 1912.

# CHAPITRE IV

## La célébration du mariage.

Dans notre ancien droit, le consentement des futurs époux était indispensable et devait être exprimé formellement. Ainsi dans *Tartuffe* (acte II, sc. IV.) :

Enfin, le bon de tout, c'est qu'à d'autres qu'à lui
On ne vous peut lier que vous ne disiez oui.

Les mariages contractés sous l'empire de la violence étaient nuls (*Les fourberies de Scapin*, acte I, sc. IV) [1].

Dans la scène précitée des *Femmes savantes* (sc. III, acte V), le notaire ne constate pas l'accord de volontés des futurs époux (2),

[1]. Voir les Edits, Ordonnances et Déclarations précités.

2. Dans le droit coutumier, comme dans le droit moderne, le contrat pécuniaire de mariage devait précéder la célébration.

mais seulement le consentement des pères et mères. Dans d'autres comédies, Molière fait effectuer cette constatation de l'accord des époux par le notaire (voir notamment : *L'Ecole des maris*, acte III, sc. VI et suiv. *Le Bourgeois gentilhomme*, acte V, sc. VI. Voir aussi *L'Amour médecin*, acte III, sc. VI, VII et VIII.)

D'où vient que Molière, dont nous savons les connaissances juridiques, fasse intervenir le notaire pour rédiger en réalité un acte de mariage (de la manière d'ailleurs la plus excentrique), et non le curé qui, à cette époque, était seul compétent ?

Deux raisons peuvent être données pour expliquer ce système suivi par Molière, ainsi que par la plupart des écrivains de l'ancien régime.

La première raison est tirée du respect de l'habit ecclésiastique qui ne permettait pas qu'un prêtre figurât sur la scène.

La seconde raison, d'ordre juridique, nécessite les quelques développements suivants :

De même que pour le consentement des pères et mères, cette partie de l'œuvre théâtrale de Molière n'est que le reflet des mœurs et de la législation de l'époque. Cette législation du mariage, malgré les actes répétés de l'autorité royale, était en effet à peine établie et fort peu respectée : notamment sur la publicité, les formes, l'autorité compétente, etc. ; toutes choses qui donnaient lieu à des divergences entre l'autorité ecclésiastique et le pouvoir civil, ainsi qu'à des abus de toutes sortes [1].

Antérieurement au Concile de Trente (1563), on distinguait deux sortes d'actes faits en vue du mariage : 1° Les promesses *par paroles de futur* (*sponsalia per verba de futuro*), qui étaient des fiançailles proprement dites ; 2° Les promesses *par paroles de présent* (*sponsalia per verba de præsenti*), qui constituaient un véritable mariage, sans cérémonie

---

1. Fagniez. *La femme et la société française dans la première moitié du* xvii° *siècle. Le mariage*. Revue des Deux-Mondes du 1er janvier 1911, p. 120 et suiv. ; p. 148.

religieuse, et consistaient à dire : « *je vous prends à époux, je vous prends à épouse.* » Malgré de nombreuses interdictions prononcées par l'Église, l'usage de ces contrats *par paroles de présent*, souvent dressés par notaires, se perpétuait néanmoins [1].

Le Concile de Trente fixa d'une manière définitive les formes de la célébration du mariage. Il ordonna, sous peine de nullité, que le mariage fût célébré par le curé de l'une des parties, en présence de deux ou trois témoins.

L'ordonnance de Blois (mai 1579) rendue dans le même esprit, exigea la publication de bans antérieurs au mariage, la célébration par le curé ou son fondé de pouvoirs, la présence, non pas de deux ou de trois témoins, mais de quatre témoins, et toutes conditions de publicité nécessaires pour que le mariage n'eût pas le caractère clandestin. Nombreux furent les actes du pouvoir royal réitérant ces

1. P. Viollet, p. 358 et suiv.

prescriptions [1], et leur réitération prouve les difficultés que l'on rencontrait à les faire respecter. Les mariages clandestins étaient malgré tout pratiqués : nous en voyons citer un exemple dans les *Fourberies de Scapin* (acte II, sc. VI), mais nous y voyons aussi que les pères hésitaient à mettre en mouvement la justice (v. encore *Le dépit amoureux*).

Quoi qu'il en fût, ces mariages clandestins étaient déclarés nuls et les parties frappées de certaines déchéances, notamment en matière successorale. Ceux qui les avaient célébrés étaient passibles de peines sévères.

L'ordonnance de Blois de mai 1579 dispose dans son article 44 :

« Défendons pareillement à tous notaires,
« sur peine de punition corporelle, de passer
« ou recevoir *aucunes promesses de mariage*
« *par paroles de présent.* »

---

1. Ces dispositions contenues dans l'Édit de février 1556, dans l'Ordonnance de Blois de mai 1579, ont été réitérées et complétées par l'ordonnance du 26 novembre 1639, la Déclaration du 16 février 1692, l'Édit de mars 1697, la Déclaration du 15 juin 1697, la Déclaration du 22 novembre 1730.

Cependant malgré ces prohibitions rigoureuses et réitérées, tant du droit civil que du droit ecclésiastique, l'usage de ces mariages *par paroles de présent*, constatés par acte notarié, paraît s'être maintenu. « Pendant la « Fronde, le doyen des maîtres des requêtes, « nommé Gaumin ou Gaulmin se maria de « cette manière par simple contrat civil en « présence d'un notaire ; ce contrat fut ensuite « signifié au curé. On appelait ces unions « *Mariages à la Gaumine* [1]. »

Ce mode de mariages se perpétua malgré tout, puisque nous voyons, en 1680 une assemblée du clergé, réunie à Saint-Germain-en-Laye, se plaindre de la fréquence de ces mariages [2].

Bien des raisons peuvent expliquer la persistance de cet usage : d'une part, on cherchait à se soustraire aux prescriptions stric-

1. P. Viollet, p. 363. — D'après M. Fagniez la déclaration au curé aurait précédé l'acte notarié constatant l'accord des parties (*La femme et la société française*, Revue des Deux-Mondes, 1er janvier 1911, p. 124).
2. P. Viollet, p. 363.

tes et souvent trop sévères du droit civil ; dans ce cas également se présente l'observation si juste que, sous l'ancien Régime, une certaine mollesse était mise dans l'exécution des actes de l'autorité.

D'autre part, il est permis de supposer que le système des mariages à la Gaumine était employé par les non-catholiques, par exemple les protestants ou religionnaires qui, surtout après la Révocation de l'Édit de Nantes, (octobre 1685), se trouvaient dans l'impossibilité légale de contracter mariage, puisqu'il leur fallait faire célébrer leur mariage par le curé catholique, ce qu'ils ne pouvaient à moins de prononcer leur abjuration [1]. C'était comme un premier essai de mariage civil.

Quoi qu'il en soit, il est certain que du

1. P. Viollet, p. 292 et suiv.; p. 295. — Cependant la jurisprudence des tribunaux avait parfois la tendance très équitable d'améliorer la situation des protestants en déclarant que la possession d'état et la bonne foi des père et mère rendaient la situation des enfants inattaquable, *id. ibid*, p. 296. Le même auteur fait observer qu'en Angleterre, à la même époque, la situation des catholiques était pareille, sinon pire.

temps de Molière, l'usage de faire constater l'accord des futurs époux par acte notarié existait, et n'avait rien de fantaisiste, malgré son peu de légalité ; le public ne pouvait en être surpris [1].

On peut trouver une certaine ironie dans les scènes où le notaire intervient. Ainsi dans *l'Ecole des maris* (acte III, sc. IV), nous voyons un commissaire (appelé pour constater un prétendu rapt) qui présente le notaire : « de plus homme d'honneur. » Et Sganarelle de dire à ce notaire :

Mais ne vous laissez pas graisser la patte au moins.

Le commissaire de répliquer indigné :

Comment ! vous croyez donc qu'un homme de jus-
[tice...

1. Les mariages par notaire se perpétuèrent dans les représentations théâtrales pour la commodité de la mise en scène. Ainsi Beaumarchais dans le *Barbier de Séville* (acte IV, sc. VII) fait intervenir un notaire pour unir le comte Almaviva et Rosine. Il est vrai que cela se passe en Espagne.

Dans les scènes VI et suivantes, ce même notaire procède avec une singulière légèreté, pour constater le consentement de ceux qui avaient qualité, et la volonté des époux de se prendre pour mari et femme.

Comme ces sortes de mariages étaient contractés en dehors de la loi, on comprend que les parties n'étaient plus protégées par les délais préalables exigés pour la publication des bans, et qu'ils présentaient moins de garantie du libre consentement ; d'où la précipitation de ces mariages qui nous paraît incroyable dans ces comédies, mais cependant n'était pas invraisemblable à l'époque (v. notamment ; *L'Avare*, acte I, sc. IV.— *L'École des maris* acte II, sc. X. — *L'École des femmes*, acte II, sc. V. — *Les Femmes savantes*, acte IV, sc. V).

Il est possible d'y voir une mordante satire de ces unions extra-légales, puisqu'elles pouvaient permettre de telles violations du droit. Mais il ne faudrait pas chercher trop loin dans les intentions de Molière, et tout au plus pourrait-on apercevoir dans toute cette partie de son œuvre, une critique discrète de la législation si vicieuse de son temps en matière de mariage, et des abus qui se commettaient pour éluder cette législation.

Enfin dans *L'École des femmes* (acte V, sc. IX), on voit un mariage dont tout le monde ignorait l'existence, servir au dénoûment de la pièce. Ceci n'avait rien d'étrange à l'époque, c'était conforme à certains usages. L'ordonnance royale du 26 novembre 1639 le constate ainsi dans son article 5 : « Désirant pourvoir « à l'abus qui commence à s'introduire par « ceux qui tiennent leurs mariages secrets et « cachés pendant leur vie, contre le respect « qui est dû à un si grand sacrement, déclare « que les enfants qui naîtront de ces mariages « seront incapables de toutes successions, « aussi bien que leur postérité... »

Par suite dans ce cas encore, ce dénoûment qui nous paraît forcé, s'explique en se reportant aux mœurs du grand siècle, constatées par la législation elle-même.

# CHAPITRE V

## Le droit des femmes.

Vouloir examiner l'opinion de Molière sur
l'éducation des femmes et leur condition sociale serait étendre, semble-t-il, notre étude
en dehors de ses limites : et cependant ce n'est
pas s'écarter, autant qu'on pourrait le croire
du point de vue juridique que d'indiquer cette
opinion de Molière, ainsi que, par voie de conséquence, le rôle qu'il attribue à la femme,
dans la famille et dans la société.

Nous avons déjà vu, dans plusieurs comédies, l'importance de la situation de la mère
dans la famille, spécialement lorsqu'il s'agit
du mariage des enfants. Nous voulons examiner aussi la condition de la femme vis-à-vis
du mari et vis-à-vis de la société [1].

1. Voir sur ces points : Fagniez. *Revue des Deux-Mondes* du
1ᵉʳ août 1912, p. 644 et suiv.

D'après certains auteurs, Molière s'est montré favorable à la liberté et à l'extension des
droits de la femme, et, pour employer une expression moderne, s'est montré *féministe* dans
plusieurs de ses comédies ; ainsi dans *L'Ecole
des maris* et dans *L'Ecole des femmes*. Dans
cette dernière pièce, il livre à la raillerie du
public, cet Arnolphe qui veut que sa femme
soit ignorante et stupide, et s'en vante ainsi :

Je la fis élever selon ma politique,
C'est-à dire ordonnant quels soins on emploierait
Pour la rendre idiote autant qu'il se pourrait.

(*L'École des femmes*, acte I, sc. I).

Mais dans *Les Femmes savantes*, Molière aurait voulu au contraire amoindrir la situation
de la femme et décrier toute instruction qu'elle
recevrait, en dehors de celle strictement nécessaire pour satisfaire la jouissance égoïste
du mari. En un mot, Molière revenant sur ses
précédentes théories, se serait fait l'apôtre de

la doctrine de l'*épouse-servante*, comme Jean-Jacques Rousseau le fit par la suite [1].

Mais telle n'est pas à notre sens l'intention de Molière: sa comédie des *Femmes savantes* ne comporte pas un pareil revirement. Selon sa méthode habituelle il ne fait qu'y opposer un ridicule à un autre : le pédantisme outré au matérialisme exclusif.

Dans les *Femmes savantes*, de même que dans les *Précieuses ridicules*, il s'attaque seulement aux travers et aux ridicules de certaines femmes, c'est la fausse science, l'excès et les abus du *féminisme* qu'il condamne uniquement : il ne veut pas de la *femme bas bleu*, et il a mille fois raison.

Pour mieux faire ressortir ces critiques, il met en opposition à toute cette pédanterie, le bon sens de Chrysale, mais bon sens trop grossier et trop égoïste pour être acceptable,

---

1. Faguet. *Rousseau contre Molière*, chapitre VII et notamment p. 245 et suiv.

raisonnement absurde de l'illettré ou du ma-
térialiste qui vit

... de bonne soupe, et non de beau langage,

qui voudrait brûler tous les livres comme
meubles inutiles, et n'admet pas

Qu'une femme étudie et sache tant de choses ;

Molière fait rire de ce système d'après lequel

... une femme en sait toujours assez
Quand la capacité de son esprit se hausse
A connaître un pourpoint d'avec un haut-de-chausse.

(Acte II, sc. VII).

Mais par contre, il condamne toute vaine
érudition parce qu'elle est poussée à l'absurde,
et parce que

... le raisonnement en bannit la raison.

Il n'en résulte donc nullement que Molière

critique une instruction étendue donnée aux femmes [1].

Nous en voyons la preuve dans cette même comédie des *Femmes savantes*, où Clitandre, qui semble bien être l'interprète de ce sens commun, aimé de Molière, s'exprime ainsi :

Et les femmes docteurs ne sont point de mon goût.
Je consens qu'une femme ait des clartés de tout,
Mais je ne lui veux point la passion choquante
De se rendre savante afin d'être savante ;
Et j'aime que souvent, aux questions qu'on fait,
Elle sache ignorer les choses qu'elle sait ;
De son étude enfin je veux qu'elle se cache,
Et qu'elle ait du savoir sans vouloir qu'on le sache,
Sans citer les auteurs, sans dire de grands mots,
Et clouer de l'esprit à ses moindres propos.

(*Les Femmes savantes*, Acte I, sc. III).

Cette opinion, si conforme au bon sens et à la raison, mais qui n'a rien du féminisme

1. Conf. Maurice Donnay, *Revue hebdomadaire*, du 22 avril 1911, p. 449 et suiv.

excessif de nos jours, était l'opinion des meilleurs esprits du siècle où vécut la marquise de Sévigné [1]. Enfin rien ne peut faire supposer que Molière eût réprouvé cette belle pensée de La Bruyère : « Si la science et la sagesse, se trouvent réunies en un même sujet, je ne m'informe pas du sexe, j'admire. »

Mais il y a une autre raison, celle-là d'ordre quelque peu juridique, qui nous fait dire que jamais Molière n'a entendu placer la femme dans une situation inférieure au point de vue intellectuel et moral, pas plus qu'au point de vue social et légal.

On peut constater, en effet dans toutes les comédies, l'influence presque toujours prépondérante des femmes, et aussi l'égalité de leurs droits, souvent âprement revendiqués, non seulement au point de vue de leurs intérêts pécuniaires, mais aussi au point de vue

1. Ainsi Fénelon dans son ouvrage : *De l'éducation des filles* (chapitre XII) reconnaît la nécessité qu'elles aient une instruction solide et veut même qu'elles connaissent au moins les principales règles du droit.



7

purement moral. Ainsi dans *Le Bourgeois gentilhomme*, M^me Jourdain montre dans plusieurs scènes, combien Molière veut que la femme fasse respecter ses droits vis-à-vis de son mari (notamment acte III, sc. XII ; acte IV, sc. II). Il en est de même dans *Le Tartuffe*, dans *Don Juan* et dans plusieurs autres comédies. Nous savons combien les droits de la mère sont fortement établis (voir aussi en ce sens : *Les Femmes savantes*, acte III, sc. V et VI) : nous verrons encore par la suite que les intérêts pécuniaires de la femme sont défendus non moins que ceux de l'homme.

Ainsi dans la pensée de Molière, la femme a des droits presque égaux à ceux du mari et sa situation dans la société ne doit pas être sensiblement inférieure, cependant le mari ne doit pas

> ... laisser à sa femme un pouvoir absolu.

Et il lui faut

> ... être homme à la barbe des gens.
> (*Les Femmes savantes*, acte II, sc. IX).

De tout cela, nous devons conclure que l'éducation et l'instruction de la femme ne peuvent la faire déchoir au rang humilié, rêvé par un Sganarelle (*L'Ecole des maris*), par un Arnolphe (*L'Ecole des femmes*), ou par un Chrysale (*Les Femmes savantes*), personnages que Molière n'a créés que pour les ridiculiser.

C'est par la douceur du caractère, par les charmes de l'esprit et du cœur que la femme doit surtout exercer son empire dans la famille et dans la société.

Mais Molière, là comme partout, s'attaque aux travers ; les femmes ne pouvaient échapper à ses sarcasmes. Par exemple, il raille à la fois, l'absurdité du pédantisme chez certaines, et les causeries roulant trop exclusivement sur la toilette chez d'autres (*Les Femmes savantes*, acte III, sc. II).

Ce sont les excès seuls qui sont critiquables ; le luxe des vêtements, l'élégance et les préoccupations de la toilette ne sauraient être condamnés.

Cela semble bien être l'avis de Molière. En effet dans L'*Ecole des maris* (pièce jouée en 1661), il parle avec une certaine ironie d'une Déclaration ou Edit du 27 novembre 1660 renouvelant les prohibitions précédentes contre les dépenses superflues. Cet acte du pouvoir royal défendait à toutes personnes de porter aucunes étoffes d'or ou d'argent, fin ou faux, broderies et autres choses semblables, ni de faire porter aux pages, laquais et autres valets, aucuns habits de soie et de se servir de litières ou de quoi que ce soit, où il y aurait aucune dorure, broderie d'or ni de soie, étant pareillement défendu à tous marchands de vendre aucuns passements, dentelles, points de Gênes, ni autres ouvrages de fil faits aux pays étrangers, ni même des dentelles de France, que de la hauteur d'un pouce[1].

---

1. *Molière* (Ed. des grands écrivains), note sur *L'École des maris*, p. 397 et 398. — Des édits rendus par Henri IV avaient interdit les passements d'or et d'argent, puis les dentelles, les découpures et broderies de fil (Faguiez. *La femme et la société française*, Revue des Deux-Mondes, 1er octobre 1911, p. 571).

Dans *L'École des maris* (acte II, sc. VI),
nous voyons Sganarelle prétendre imposer à
celle dont il veut faire sa femme, les prescriptions rigoureuses de ces lois somptuaires,
et voici en quels termes :

O ! trois et quatre fois béni soit cet édit
Par qui des vêtements le luxe est interdit !
Les peines des maris ne seront plus si grandes,
Et les femmes auront un frein à leurs demandes.
O ! que je sais au Roi bon gré de ces décris[1] !
Et que, pour le repos de ces mêmes maris,
Je voudrais bien qu'on fît de la coquetterie
Comme de la guipure et de la broderie !
J'ai voulu l'acheter l'édit, expressément,
Afin que d'Isabelle il soit lu hautement,
Et ce sera tantôt, n'étant plus occupée,
Le divertissement de notre après-soupée.

Dans toute cette scène, il semble que Molière raille autant l'absurde jalousie de Sga-

---

1. Le *décri* était l'acte public par lequel on intimait une défense ou une prohibition. Coll. des grands écrivains, *ut supra*,
p. 398, note. L'Edit du 27 novembre 1660 avait été publié et
affiché par deux fois.

narelle que cette législation somptuaire elle-
même qui fut appliquée encore pendant un
certain temps, malgré son impopularité no-
toire et son ridicule [1]. L'égoïsme de Sganarelle qui entend interdire la toilette à sa
femme et la veut tenir en chartre privée répugne à l'esprit français (*L'Ecole des maris*,
acte I, sc. II).

1. Cette prohibition, bien que peu obéie, n'était pas un vain
mot. Ainsi en 1635, à Paris, six femmes furent condamnées,
pour avoir porté de la dentelle, à 1.500 livres d'amende chacune
(Fagniez, *ut supra*). — Ainsi encore en 1678, on voit par une
lettre de M<sup>me</sup> de Senneville à Bussy-Rabutin que les personnes
qui contrevenaient à cette législation pouvaient s'attirer bien
des désagréments. Voici en effet ce que nous lisons : « Je ne
« saurais fermer ma lettre sans vous dire que votre belle cou-
« sine de Grignan (la fille de M<sup>me</sup> de Sévigné) étant ces jours
« passés au petit Saint-Antoine toute couverte d'or et d'ar-
« gent, malgré l'étroite défense et la plus exactement observée
« que jamais, essuya la réprimande et les menaces d'un com-
« missaire, qui en étonna tout le monde et dont la dame fut
« fort embarrassée ». Bussy répondit : « Cela est bien impru-
« dent à madame de Grignan de s'exposer à recevoir un af-
« front ; mais je ne comprends pas que le commissaire se soit
« contenté de la menacer et ne lui ait pas fait payer l'amende... »
(*Lettres de M<sup>me</sup> de Sévigné* (Ed. des grands écrivains), t. V,
p. 435, note 14.)

En résumé, la femme, bien que subordon-
née à son mari, ayant des droits bien établis
dans la famille, ayant une situation importante
dans la société, doit avoir une instruction et
jouir d'une liberté lui permettant de remplir
cette double mission, et de se maintenir à un
rang social en rapport avec celui de son
mari, ce que ne pourrait faire l'*épouse-servante*.

Dans toute son œuvre, Molière se montre
le défenseur intelligent des droits de la
femme, et sans être un *féministe* dans le sens
excessif que l'on donne à cette expression
moderne, il admet qu'une femme *ait des clartés de tout*. Ainsi, sur ce point encore, l'œuvre de Molière renferme une leçon intéressante en tous temps et formule ce que l'on
pourrait appeler le *féminisme* raisonnable.

# CHAPITRE VI

## Le contrat de mariage.

Le théâtre de Molière contient des aperçus fort intéressants sur la matière du contrat de mariage et des droits entre époux. La connaissance du droit s'y mêle à beaucoup de fine ironie.

Dans la scène II du IVe acte de *L'Ecole des femmes*, nous voyons un notaire, grotesque dans sa solennité, unir, à un exposé des principes de notre ancien droit, et à des conseils juridiques très sages, certains procédés critiquables de la pratique [1].

Ce notaire s'adresse à Arnolphe qui, préoc-

1. Il était d'usage de faire dresser les contrats de mariage par notaires, la Déclaration du 19 mars 1696 en consacra l'obligation.

cupé des révélations qui viennent de lui être faites sur l'état d'âme de la jeune Agnès, ne voit, ni n'entend ce notaire. Il commence ainsi ses conseils relatifs au contrat de mariage :

Il ne vous faudra point, de peur d'être déçu,
Quittancer le contrat que vous n'ayez reçu.

Précaution très utile, et que l'on ne saurait trop recommander aux futurs maris, aussi bien aujourd'hui qu'au temps de Molière, car le contrat de mariage contenant la mention qu'il porte quittance, ou que la célébration du mariage vaudra quittance [1], cette mention serait opposable au mari, alors même qu'en fait il n'aurait rien reçu de sa future

1. Molière s'est bien gardé de tomber lui-même dans de pareils errements. Son contrat de mariage, reproduit dans l'Annexe en fait foi. On se borne en effet à dire dans ce contrat que la somme de 10.000 livres tournois sera donnée par la mère de la future la veille des épousailles ; ce qui d'ailleurs n'eut pas lieu, car ce fut seulement plusieurs mois après, que Molière en donna quittance. (Voir dans l'Appendice : *Le contrat de mariage de Molière et sa quittance de dot*).

épouse, ou de ceux qui lui auraient constitué
une dot [1].

Dans les temps modernes, la jurisprudence
avait varié un moment sur ce point. Certains
arrêts avaient en effet considéré la déclaration que le contrat ou que la célébration du
mariage vaudrait quittance, comme ne pouvant être combattue que par une preuve
écrite formelle [2].

Mais la jurisprudence de la Cour de cas-
sation établit que, bien que cette stipulation
soit licite et fasse preuve du paiement de la
dot, cependant tout moyen de preuve pouvait
être admis contre cette déclaration [3].

1. Ordonnance de janvier 1629, art. 130 : « Toute quittance
de dot sera passée par devant notaires, à peine de nullité, pour
le regard des créanciers seulement. »

2. Paris, 24 février 1865, Sirey, 1865, II. 144. — On avait même
été jusqu'à exiger l'inscription de faux : Bruxelles, 26 juillet
1817, Sirey, Coll. nouv., 2.1.284, note.

3. Par exemple, l'affirmation de celui qui a constitué la dot,
qu'en fait le paiement n'a pas eu lieu, ou tout autre moyen
de preuve ou même de simples présomptions graves, précises
et concordantes, appuyées d'un commencement de preuve par
écrit. Voir notamment : C. cass., 31 juillet 1833, Sir., 1833, I. 840

On comprend toutes les susceptibilités à ménager, toutes les difficultés que l'on rencontre à faire la preuve contre les déclarations du contrat, au cours du mariage, et par suite l'intérêt qu'a le futur mari à ce que le paiement effectif de la dot ait lieu avant la célébration, s'il est dit par exemple, que la célébration vaudra quittance. Ces questions font naître les difficultés les plus sérieuses dans les familles ; c'est donc avec une connaissance parfaite des affaires que Molière fait parler le notaire.

Le notaire, pensant probablement que l'intéressé tiendrait à laisser ignorer certaines clauses du contrat, s'empresse de dire :

Et l'on peut en secret faire votre contrat.

— 22 août 1882, Sir., 1883, I. 25 ; — 7 mai 1884, Sir., 1885, I. 28.
— Guillouard. *Traité du contrat de mariage*, t. 1er, nᵉ 328.

# CHAPITRE VII

## Le Douaire.

Le notaire entre ensuite dans le vif de ses conseils touchant les avantages que l'on peut faire à la femme, mais ici semble-t-il, commence à percer cette ironie que Molière sait si bien incorporer, même aux scènes où il paraît le plus sérieux. Donc le notaire poursuit en ces termes le cours de ses conseils :

Le douaire se règle au bien qu'on vous apporte.

Et comme Arnolphe dit qu'il aime la future, le notaire s'empresse d'ajouter :

On peut avantager une femme en ce cas,

. . . . . . . . . . . . . . . . . . . . .

L'ordre est que le futur doit douer la future
Du tiers du dot [1] qu'elle a ;...

Pour comprendre combien ces quelques
vers semblent contenir de fine ironie et de satire
des mœurs de l'époque, il est indispensable
de connaître notre ancienne législation rela-
tive aux droits concédés aux femmes veuves,
spécialement sous le régime de la Coutume
de Paris et de la Coutume d'Orléans, les plus
répandues dans les pays coutumiers. Il est
certain d'ailleurs que la scène est censée se
passer en pays de coutume puisque, ainsi
que nous le verrons, le régime est la communauté.

On sait qu'au point de vue de la législation, l'ancienne France se partageait en deux
divisions bien distinctes : d'une part, les pays
de droit écrit ou de droit romain, situés dans
le Midi et certaines parties du centre de la
France ; d'autre part, les pays de coutumes

---

1. Du temps de Molière, le mot *dot* était indifféremment
masculin ou féminin.

qui représentaient à peu près les deux autres tiers de la France. Dans les pays de droit écrit, on suivait l'ancienne législation romaine, sauf certaines modifications ; le régime matrimonial adopté était le régime dotal, et sous le nom d'*augment de dot* [1], on assurait à la veuve un droit de jouissance d'une quote-part des biens du mari, proportionnellement à la dot qu'elle avait apportée, qui s'ajoutait à sa dot, qui l'augmentait [2]. C'était tantôt la moitié, tantôt le tiers de la dot qui servait de base à ce calcul. Lorsque la femme n'avait apporté aucune dot, on lui reconnaissait un droit appelé *quarte du conjoint pauvre*, en usufruit s'il y avait des enfants, en toute propriété dans les autres cas [3].

1. Le mari survivant avait aussi un droit qualifié de *contre-augment*.

2. P. Viollet, p. 694. L'augment de dot existait notamment en Languedoc, Guyenne, Béarn, Dauphiné, Forez, Lyonnais, Beaujolais.

3. P. Viollet, p. 695. — *Dalloz, Rép.* vº *Contrat de mariage*, nº 43. — *Rép.* Fuzier-Herman, vº *Avantages matrimoniaux*, nº 4 ; vº *Successions*, nº 711 ; — Cl. de Ferrière. *Coutume de Paris*, t. II, p. 121.

Dans les pays de coutumes, toute autre était la législation au profit de la femme veuve. A l'origine chez les barbares, la femme n'apportait pas de dot à son mari, c'était celui-ci au contraire qui lui faisait un présent, d'objets mobiliers ordinairement (*in prætium defloratæ virginitatis*), sous le nom du *don du matin*, (*morgengab*), *dotalitium ou douaire* [1]. Plus tard, le douaire légal ou coutumier consista en un droit de jouissance pris sur les biens du mari, qui était tantôt du tiers, tantôt de la moitié de ces biens. On distinguait le *douaire coutumier ou légal*, et le *douaire préfix ou conventionnel*. Dans la Coutume de Paris et dans celle d'Orléans, le douaire légal était un droit de jouissance concédé à la veuve sur la moitié des héritages que le mari possédait au jour de la célébration du mariage, et des héritages recueillis par lui en ligne directe durant le mariage [2]. Ainsi à la

1. P. Viollet, p. 660 et suiv. *Conf. sur le Morgengabe*, Michelet. *Origine du droit français*, p. 28 et 46.

2. Dans le droit antérieur, on posait comme axiome : *au coucher la femme gagne son douaire*. Ragueau et de Laurière.

différence des pays de droit écrit, les pays coutumiers prenaient les biens du mari pour base du calcul de la jouissance de la femme.

A côté du douaire coutumier ou légal, le douaire préfix dépendait de la convention des parties. A Paris et à Orléans, il excluait le douaire coutumier et pouvait l'excéder [1]. Lorsque le notaire dit : « Le douaire se règle au bien qu'on vous apporte » et qu'il insiste ainsi sur cette idée : « l'ordre » est que le douaire

Glossaire, v⁰ *Douaire*. — Mais la Coutume de Paris réformée (1580) et la Coutume d'Orléans (1583) datent du jour de la célébration des épousailles et bénédiction nuptiale le droit au douaire. — Dans un certain nombre de provinces, le douaire était du tiers pour les familles nobles dans le but de respecter le droit d'aînesse. Mais dans le dernier état du droit le douaire à moitié prédominait.

Voir sur ces divers points : *Coutume de Paris*, article 248 *Coutume d'Orléans*, art. 218 ; — Cl. de Ferrière, t. II, p. 116 et suiv.; p. 126. — Ragueau et de Laurière. Glossaire, v⁰ *Tiers* ; v⁰ *Dot*. — Pothier, t. I, p. 309. — P. Viollet, p. 664 et suiv. Dans quelques coutumes, le mari avait droit à un gain de survie sous le nom d'*entravestissement*, p. 692.

1. *Coutume de Paris*, article CCLXI. — Cl. de Ferrière, t. II, p. 120, 162 ; — Pothier, t. Iᵉʳ, p. 309, *Coutume d'Orléans*, article 219, t. VI, p. 368.

est du tiers de la dot apportée par la future,
ce notaire obéit à une fâcheuse pratique qui
confondait à tort les règles de l'augment de
dot avec celles du douaire des pays coutumiers. En effet, bien que les parties eussent
pleine liberté dans leurs conventions matri-
moniales, on peut dire que cette confusion
était contraire à l'esprit des lois et même aux
dispositions formelles de quelques coutumes ;
telle était l'opinion d'auteurs importants[1]. On
peut donc penser que Molière avait une intention ironique en mettant dans la bouche de
ce notaire, gonflé de son importance, comme
axiome de droit, une application aussi critiquable du droit de l'époque. Mais peut-être
doit-on y voir aussi l'intention de condamner
la tendance que l'on avait trop souvent de réduire à rien le douaire des femmes veuves.
En effet, en prenant pour base du douaire ou
jouissance de la veuve sur les biens de son

1. Conf. notamment Ragueau et de Laurière, *Glossaire du droit
français*, v° *Augment de dot* (éd. Favre, 1882, Niort, p. 51), et
les auteurs cités.

mari, la dot même ou l'apport de cette femme,
il en résultait qu'on lui reconnaissait d'autant
moins de droit qu'elle était moins fortunée
personnellement ; ainsi, plus elle était pauvre, moins elle était douée : conséquence injuste d'un principe faux. Et même si, comme
on pouvait le croire d'Agnès (acte I, sc. I ;
acte III, sc. V), elle était absolument sans
fortune personnelle, elle n'avait alors, en fait,
aucun douaire. Or comme on était en pays
de coutumes, elle ne pouvait même invoquer,
dans le silence du contrat, *la quarte du conjoint pauvre*, spéciale aux pays de droit écrit.
En résumé, on peut admettre que cette scène
de Molière contient implicitement une critique
très sensée de la manière dont certains notaires appliquaient le droit, présentant comme
d'usage, comme « *d'ordre* », la clause qui
était au contraire la moins justifiable. Peut-
être aussi doit-on y voir une condamnation
détournée de ces douaires illusoires qui ne
laissaient aux douairières pas même un simulacre de fortune.

L'institution du douaire en elle-même était très équitable, bien qu'ayant donné lieu cependant à des abus (*Le Malade imaginaire*, acte II, sc. VI et *infra*, chapitre IX, p. 136). Ce n'est pas sans surprise que l'on voit la législation intermédiaire (loi 17 nivôse, an II), et le Code civil lui-même, soit volontairement, soit par inadvertance, omettre d'accorder au survivant des époux un droit quelconque, autre qu'un droit successoral qu'il ne peut invoquer que lorsqu'il n'existe aucun parent au degré successible (art. 767) [1]. Cette lacune regrettable a été réparée seulement par la loi du 9 mars 1891 qui reconnaît à l'époux survivant (mari ou femme) un droit d'usufruit sur la succession du prédécédé.

Revenons à notre étude de *L'École des femmes* et au notaire de Molière ; ce notaire sentant bien ce qu'il y avait de critiquable

---

1. *Rép. gén. du Droit français* (Fuzier-Hermann), v° *Successions*, n° 713.

dans la règle qu'il avait posée, s'empresse
d'ajouter :

> Mais cet ordre n'est rien,
> Et l'on va plus avant lorsque l'on le veut bien.

C'est la liberté des conventions matrimo-
niales qui le veut ainsi, et le notaire poursuit
avec emphase, mais avec une précision qui
témoigne des connaissances juridiques de
Molière :

> ...Pour le préciput il les regarde ensemble.
> Je dis que le futur peut, comme bon lui semble,
> Douer la future.....

Il insiste sur la liberté qu'ont les parties
pour constituer le douaire à leur volonté.

Comme Arnolphe absorbé, continue à ne
rien entendre, le notaire poursuit :

> Il peut l'avantager
> Lorsqu'il l'aime beaucoup et qu'il veut l'obliger,
> Et cela par douaire, ou préfix qu'on appelle,
> Qui demeure perdu par le trépas d'icelle,
> Ou sans retour, qui va de ladite à ses hoirs ;
> Ou coutumier, selon les différents vouloirs ;

Le douaire préfix ou conventionnel pouvait, ou revenir au mari en cas de prédécès de la femme *(demeurer perdu par le trépas d'icelle)* ; ou bien ne pas revenir au mari *(sans retour)* ; ou enfin être acquis aux héritiers de la femme *(qui va de ladite à ses hoirs)*. Quant au douaire coutumier, nous savons qu'en principe, dans les Coutumes de Paris et d'Orléans, il ne pouvait être invoqué qu'à défaut de douaire préfix, mais que cependant en cas de convention expresse, le douaire coutumier et le douaire préfix pouvaient se cumuler [1].

Le préciput légal, dont parle également le notaire, consistait dans le droit que la coutume accordait au survivant des époux de prélever, lors du partage, certains biens dépendant de la communauté (Cout. de Paris, art. 238) ; mais plusieurs conditions étaient exigées pour l'exercice de ce droit, notam-

---

1. Sur ces divers points : Les grands écrivains. *L'École des femmes*, p. 235. — Pothier, *Traité du Douaire*.

ment il fallait que les époux fussent nobles, ou le mari au moins, et qu'ils vécussent noblement, c'est-à-dire sans faire actes de roture. Il fallait, dit Dumoulin, pour qu'il y eût lieu au préciput, que l'un des époux eût les mêmes droits que l'autre, il s'agissait d'un droit réciproque au profit du survivant : d'où cette expression de Molière : *il les regarde ensemble*. Le préciput pouvait aussi être conventionnel.

Quant aux donations faites dans le contrat de mariage, Molière fait dire au notaire que la femme peut être avantagée :

Ou par donation dans le contrat formelle,
Qu'on fait ou pure et simple, ou qu'on fait mutuelle.

Ici une explication est nécessaire. Ainsi que nous le verrons par la suite, dans notre ancienne France coutumière, les dons ou donations entre époux, et même entre futurs con-

1. Cl. de Ferrière, t. II, p. 72.

joints, ne pouvaient être légalement faits qu'à la condition d'avoir le caractère de dons mutuels. Le notaire dit cependant que l'on peut, dans le contrat de mariage, faire une donation formelle pure et simple.

D'abord, dans les pays de droit écrit, on ne suivait pas la règle du don mutuel, mais les principes du droit romain. Or en droit romain, si les donations entre-vifs, à l'origine, étaient prohibées entre époux, les donations pour cause de mort étaient permises [1]. Aussi dans le dernier état du droit romain, on admettait, par fiction, que la donation faite par un époux à l'autre durant le mariage, toujours révocable, devait être considérée comme donation pour cause de mort, parce que, n'ayant pas été révoquée, elle était confirmée par le prédécès du disposant [2]. Rien n'empê-

---

1. Instit. *de donat.*, § I. Dig. *de mortis causâ donat.* L. 27, Marcien.

2. Domat. *Lois civiles*, des donations entre-vifs. Tit. X ; — Pothier, t. VII, p. 449-450 ; — Aubry et Rau, t. VIII, § 743, p. 100 ; — Demolombe, t. VI, *Des donations*, n° 434.

chait donc de faire ainsi une donation pure et simple par contrat de mariage, en pays de droit écrit, et nous savons que le notaire de *L'École des femmes* ne se gênait pas pour confondre les principes du droit écrit avec ceux du droit coutumier. Cette tendance s'accusa d'ailleurs de plus en plus, dans la dernière période de notre ancien droit [1].

En pays coutumier même, certaines dispositions pures et simples pouvaient être faites par contrat de mariage : ainsi le douaire et différents gains de survie conventionnels qui n'étaient pas nécessairement mutuels [2].

1. Cependant d'après Pothier, *ut supra*, cette tolérance n'était pas admise par le parlement de Paris pour les pays de droit écrit de son ressort. — On peut dire d'une manière générale qu'il y avait souvent tendance à un rapprochement entre ces deux branches de notre ancien droit. Nous avons donc à citer à la fois des auteurs comme Domat et Pothier. Enfin si celui-ci est postérieur aux comédies de Molière, nous ne le citons que là où le Droit est resté le même.

2. Conf. P. Viollet, p. 692.

# CHAPITRE VIII

## Autres dispositions matrimoniales.

Notre notaire de *L'École des femmes* s'indigne de voir les signes de mépris ou de mécontentement d'Arnolphe, qu'il suppose dirigés contre sa science juridique, alors il s'écrie avec une morgue toute professionnelle :

Pourquoi hausser le dos? Est-ce qu'on parle en fat,
Et que l'on ne sait pas les formes d'un contrat?
Qui me les apprendra? Personne, je présume.
Sais-je pas qu'étant joints, on est par la coutume
Communs en meubles, biens, immeubles et conquêts,
A moins que par un acte on y renonce exprès?

(Acte IV, Sc. III).

Ces vers sont à peu près la reproduction de l'article CCXX de la Coutume de Paris, ainsi conçu :

« Hommes et femmes conjoints ensemble
« par mariage, sont communs en biens meu-
« bles et conquêts immeubles faits durant et
« constant le mariage. Et commence la com-
« munauté du jour des épousailles et bénédic-
« tion nuptiale. »

Les conquêts (de même que les acquêts) se
disaient par opposition aux propres. C'était
ce que chacun des époux acquérait pendant le
mariage par son industrie et non par succession. Les conquêts entraient dans la communauté. Tombaient aussi dans la communauté
légale tous les meubles sans distinction, cor-
porels ou incorporels, dont les époux étaient
propriétaires au moment du mariage [1]. Telle
était la règle lorsque les conjoints s'étaient
mariés sans contrat, ou n'avaient pas renoncé
en termes exprès à se soumettre à la communauté telle qu'elle était établie par la Coutume. La même idée est reproduite dans l'article 1400 du Code civil.

1. Cl. de Ferrière, t. II, p. 3-4. — Pothier, t. VII, p. 65. —
Art. 1401 Code civil.

Mais ce que notre législation actuelle ne reproduit pas, bien à tort pensons-nous, est exposé dans les vers suivants :

Sais-je pas que le tiers du bien de la future
Entre en communauté, pour...

Ceci demande une explication : En effet il était de jurisprudence dans notre ancien droit que, lorsqu'un mineur se mariait, en ses droits (*de suo*), ou lorsque le tuteur avait marié son pupille sans stipuler qu'une partie de ses meubles (d'une valeur importante) lui resteraient propres, c'étaient seulement les meubles jusqu'à concurrence du tiers de l'universalité de tous ses biens qui entraient en communauté, tout le surplus restant propre au mineur. On considérait que le père ou la mère n'a pas plus de droit qu'un tuteur de disposer des biens de son enfant mineur, et que par conséquent, il ne leur est pas permis non plus de faire entrer en communauté plus du tiers du bien de leur enfant [1].

1. Cl. de Ferrière, t. II, p. 5 ; — Pothier, t. VII, p. 95 et suiv.

Cette théorie juridique était parfaitement applicable en l'espèce, puisqu'il s'agissait d'une fille mineure, âgée seulement de dix-sept ans [1] ; ce que le notaire pouvait ignorer, c'est qu'elle était sans fortune ; mais la règle était bonne à faire connaître.

A cet égard, on peut regretter que notre législation actuelle n'ait pas pris les mêmes précautions pour sauvegarder les intérêts des mineurs. Le Code civil n'admet aucune distinction, et au contraire déclare que le mineur, habile à contracter mariage, est habile à consentir toutes les conventions dont son contrat est susceptible, pourvu qu'il soit assisté des personnes dont le consentement est nécessaire pour la validité du mariage (art 1390).

D'autre part, la communauté légale est imposée à tous, majeurs ou mineurs sans restriction, à défaut de contrat (art. 1400, C. civ.).

De nos jours où les valeurs mobilières ont pris une extension si considérable et compo-

_______

1. Cet âge de 17 ans résulte du rapprochement de la scène 1<sup>re</sup>, acte I, et de la scène 1<sup>re</sup>, acte IV ( *Ecole des femmes*).

sent souvent la totalité des fortunes, on comprendrait la restriction admise dans notre ancien droit en faveur des mineurs ; ce serait encore bien plus utile qu'à une époque où les valeurs mobilières étaient à peu près inconnues.

Toutes ces questions de droit matrimonial étaient d'autant plus présentes à l'esprit de Molière, que cette pièce de *L'École des femmes* fut représentée le 26 décembre 1662 alors qu'il s'était marié à Saint-Germain l'Auxerrois le 20 février (lundi gras) de la même année avec Armande Béjart. Nous n'entrerons pas dans les discussions qui se sont élevées à propos de ce mariage, qu'il nous suffise de dire que Molière douait Armande de quatre mille livres tournois de douaire préfix une fois payés, (voir *infra* dans l'Appendice : le contrat de mariage de Molière). Il avait donc été à même d'étudier d'une manière toute spéciale la phraséologie et la suffisance des notaires de cette époque.

# CHAPITRE IX

## Le testament. La captation.
## Les dons mutuels entre époux.

Il a été exposé précédemment qu'en pays coutumiers, la règle était que les époux ne pouvaient se faire que des dons mutuels. Dans la comédie du *Malade imaginaire*, (acte I, sc. VII) on voit les subterfuges employés pour éluder cette règle. Bien que cette scène soit fort connue, il est utile de l'étudier, moins au point de vue de l'histoire du droit qu'à l'égard des errements de certains hommes d'affaires peu scrupuleux, car il en ressort un enseignement utile.

On voit en présence une femme du second lit, Béline, qui cajole et endoctrine son mari, le Malade imaginaire, pour obtenir qu'il lui donne tout son bien au détriment des enfants d'un premier lit, et un notaire qui ne craint pas de conseiller l'emploi de moyens malhonnêtes pour parvenir à cette spoliation. Si de nos jours, la législation du don mutuel a été abolie, il faut bien reconnaître que ces procédés condamnables peuvent être mis au service d'autres fraudes.

Donc le Malade imaginaire prend conseil du notaire présenté par sa femme. Celui-ci, après avoir dit que le mari ne saurait rien donner à sa femme par testament, l'explique en ces termes :

« La Coutume y résiste. Si vous étiez en
« pays de droit écrit, cela se pourrait faire ;
« mais à Paris et dans les pays coutumiers,
« au moins dans la plupart, c'est ce qui ne se
« peut, et la disposition serait nulle. Tout
« l'avantage qu'homme et femme conjoints
« par mariage se peuvent faire l'un à l'autre,
« c'est un don mutuel entre-vifs ; encore faut-
« il qu'il n'y ait enfants, soit des deux con-
« joints, ou de l'un d'eux, lors du décès du
« premier mourant. »

Tout cet exposé est la reproduction fidèle du droit en pays coutumier, et nous avons vu précédemment que les dispositions entre époux étaient possibles dans les pays de droit écrit.

Mais comme le dit Molière, dans la plupart des pays de droit coutumier, les dons mutuels entre-vifs étaient les seules libéralités autorisées entre époux; tous avantages directs ou indirects étaient nuls.

Les expressions employées par Molière dans le passage précité sont calquées sur l'article 282 de la Coutume de Paris. Tout devait être égal et mutuel, parce qu'on estimait que ces caractères écartaient les dangers de captation ou de suggestion qui motivaient seuls la prohibition générale[1].

Bien rigoureuse semble cette prohibition.

1. Cl. de Ferrière, t. II, p. 230, 231 sur l'article 282; — Pothier, t. VII, p. 451 ; — Demolombe, t. VI, *Des donations*, n° 436 ; — Aubry et Rau, t. VIII, § 743, p. 100. — On admettait même qu'un legs fait avant le mariage à l'un des futurs conjoints par l'autre, devenait nul par le fait du mariage. Cl. de Ferrière, *ut supra*.

On voulait d'abord conserver les biens dans les familles, mais aussi prévenir les entraînements aveugles de la passion, empêcher que l'amour conjugal ne fût en quelque sorte mis à prix, et que de bas calculs d'intérêt n'entrassent dans la vie journalière des époux. Certaines de ces considérations ne sont pas sans valeur, surtout lorsqu'il s'agit d'un second mariage, comme dans la situation conçue par Molière ; la loi pouvait se montrer plus sévère dans ce cas. Cette question du don mutuel n'a plus d'ailleurs qu'une valeur historique à l'époque actuelle[1].

A la réponse du notaire qui oppose les prohibitions du droit coutumier, Argan s'écrie : « Voilà une coutume bien impertinente, qu'un

---

1. Le Code civil a tranché la question de la manière la plus sage : les donations faites entre époux par contrat de mariage sont irrévocables (art. 1091). Les donations entre-vifs faites entre époux pendant le mariage, sont au contraire, toujours et essentiellement révocables (art. 1096 et 1097). En cas de second mariage, le droit de disposition est plus restreint (Aubry et Rau, t. VIII, § 743, p. 100, note 1 ; — Demolombe, t. VI, *Des donations*, n° 438).

« mari ne puisse rien laisser à une femme
« dont il est aimé tendrement, et qui prend
« de lui tant de soin ! J'aurais envie de con-
« sulter mon avocat pour voir comment je
« pourrais faire. »

Mais le notaire s'empresse de répondre :
« Ce n'est point à des avocats qu'il faut aller,
« car ils sont d'ordinaire sévères là-dessus,
« et s'imaginent que c'est un grand crime,
« que de disposer en fraude de la loi. Ce
« sont gens de difficultés, et qui sont igno-
« rants des détours de la conscience. Il y a
« d'autres personnes à consulter, qui sont
« bien plus accommodantes, qui ont des ex-
« pédients pour passer doucement par-dessus
« la loi, et rendre juste ce qui n'est pas per-
« mis, qui savent aplanir les difficultés d'une
« affaire, et trouver des moyens d'éluder la
« Coutume, par quelque avantage indirect.
« Sans cela, où en serions-nous tous les
« jours ? il faut de la facilité dans les choses ;
« autrement nous ne ferions rien, et je ne
« donnerais pas un sou de notre métier. »

Cette réponse du notaire est intéressante à plus d'un titre. D'abord l'hommage qu'il adresse malgré lui aux avocats non seulement contient un éloge bien mérité, alors comme maintenant, mais aussi révèle la préoccupation qu'ont beaucoup de praticiens de défendre avec morgue un intérêt professionnel, de montrer un esprit de corps exclusif, et encore d'écarter tout ce qui peut leur faire concurrence, leur enlever des affaires ou contrôler leurs actes.

Quant à l'impudence que le notaire déploie, c'est bien celle de certains brasseurs d'affaires sans scrupules, pour lesquels « *les détours de la conscience* » sont tous justifiés du moment où ils aboutissent à un gain, car il leur « *faut de la facilité dans les choses* ».

Argan émerveillé de rencontrer un conseiller aussi peu scrupuleux, répond : « Ma femme « m'avait bien dit, Monsieur, que vous étiez « fort habile et fort honnête homme. Com- « ment puis-je faire, s'il vous plaît, pour lui

« donner mon bien et en frustrer mes enfants ? »

Nous allons donc voir par quels moyens on arrivait à tourner les dispositions si rigoureuses prohibant les libéralités entre époux. A cette époque, de pareilles fraudes étaient d'autant plus difficiles que les valeurs mobilières n'existaient pas et que, en règle, le prêt à intérêt était interdit, bien que cependant on se relâchât de cette rigueur (v. *infra*, chapitre XII.)

Quoi qu'il en soit, la condamnation de ces procédés malhonnêtes, qui pourraient encore trouver une application de nos jours en des matières analogues, résulte de leur exposé, comme aussi la condamnation de celui qui les propose.

Le notaire présente donc trois moyens au Malade imaginaire pour avantager la femme au détriment des enfants du premier lit.

Le premier moyen est le testament au profit d'un tiers, autrement dit le fidéicommis tacite, que l'on ne doit pas confondre avec le fidéicommis simple ou ordinaire. Le fidéicommis tacite était déclaré nul (art. 283, Coutume de Paris) ; mais si on parvenait à le tenir secret, il produisait quand même son effet, car : *de ignotis non judicat prœtor*. On peut définir cette sorte de fidéicommis : la disposition d'un bien faite en faveur de quelqu'un avec l'intention non exprimée qu'il le rende à un autre [1]. Le bénéficiaire véritable est entièrement à la discrétion du fidéicommissaire, puisque celui-ci ne peut être contraint légalement à exécuter l'intention du disposant.

Le second procédé indiqué par le notaire, consiste à souscrire des obligations fictives au profit de prête-noms, qui rendraient à la femme bénéficiaire réelle, le montant total de ce qu'ils auraient reçu. Bien que la femme reçoive de ces prétendus débiteurs la déclaration qu'il s'agit d'actes de pure complaisance faits à son profit, il est bien évident encore que ce moyen est dépourvu de toute sanction, et ne vaut que s'il est tenu secret.

1. Paringault, p. 37 et 38.

Enfin le dernier moyen consiste tout simplement dans la remise de la main à la main d'argent comptant et de billets payables au porteur. Ce procédé n'est pas plus honnête que les autres, mais comme il est le plus simple et le plus pratique, et qu'il présente aussi moins de dangers d'être découvert, Béline ne s'y trompe pas, elle s'empresse de dire à Argan : « Non, non, je ne veux pas de tout cela. « Ah ! Combien dites-vous qu'il y a dans votre « alcôve ? Argan répond : « Vingt mille francs, « m'amour. » Béline poursuit : « Ne me par« lez pas de bien, je vous prie. Ah ! de combien « sont les deux billets ? » Argan : Ils sont ma « mie, l'un de quatre mille francs, et l'autre « de six. »

Dans l'espèce, ces dispositions directes ou indirectes étaient nécessairement nulles, puisqu'il s'agissait de dispositions entre époux qui, pour être valables, devaient revêtir le caractère de dons mutuels, d'après la législation de l'époque. Le principe devait d'autant plus être respecté dans ce cas, qu'on était en présence d'enfants d'un premier lit [1].

Toutes ces fraudes à la loi, quelques formes qu'elles empruntent, pouvaient être dévoilées, et de ce fait tous ces actes frauduleux être frappés de nullité. Il faut donc examiner comment alors la loi armait les ayants-droits contre la spoliation, et permettait de faire échec à de pareils procédés. On sera ainsi amené à étendre le débat qui ne se trouvera pas circonscrit à la question des libéralités entre époux, mais comprendra l'étude de la liberté de disposer par testament et donation entre-vifs, du droit de succession légitime, et par suite des droits réservés au profit de certains héritiers : toutes questions qui se trouvent indiquées expressément ou implicitement dans diverses comédies. Plus d'un rapprochement pourra être fait avec l'époque actuelle.

Molière, dans la scène que nous venons de rapporter, développe avec un art consommé tous les artifices qui peuvent faire pression

1. Pothier, t. VI, p. 246, sur l'Édit des secondes noces de juillet 1560.

sur un esprit faible comme celui du Malade imaginaire, malade seulement de l'esprit. De semblables agissements ne pouvaient échapper à la flétrissure de Molière. Aussi dans la scène VI de l'acte II, Angélique s'adresse à Béline, sa belle-mère, en ces termes : « … Il y
« en a d'autres, Madame, qui font du mariage
« un commerce de pur intérêt ; qui ne se ma-
« rient que pour gagner des douaires, que
« pour s'enrichir par la mort de ceux qu'elles
« épousent, et courent sans scrupule de mari
« en mari pour s'approprier leurs dépouilles.
« Ces personnes-là, à la vérité, n'y cherchent
« pas tant de façons et regardent peu la per-
« sonne.' »

Faut-il voir dans ces intrigues, trop fréquentes à l'époque, une cause d'annulation du testament, pour captation ou suggestion ? D'après certains auteurs, toute suggestion ou captation, même sans fraude, constituait un moyen d'annulation [1].

---

[1] L'ordonnance d'août 1735 semble incliner vers ce système, puisque (art. 47) elle désigne la suggestion et la captation comme

Mais cette opinion était généralement écartée, on considérait que la captation et la suggestion n'étaient des causes de nullité des testaments que si elles étaient empreintes de dol [1]. Si donc les services, les flatteries, les présents et autres moyens employés pour suggérer un testament ou capter la confiance du testateur, bien que peu honnêtes, n'ont pas le caractère de manœuvres frauduleuses ou dolosives, l'acte n'est pas légalement entaché de nullité [2]. On comprend la difficulté d'établir ces distinctions et de donner des preuves sérieuses dans l'un ou l'autre sens : d'où des procès scandaleux et trop fréquents.

En dehors de la question pratique, la morale et la conscience réprouvent des actes que

moyens d'annulation des testaments, sans préjudice des autres moyens tirés des lois et coutumes.

1. Domat. *Lois civiles*, Part. II, Liv. III, sect. V, n° XXV ; — Pothier, t. VIII, p. 252. — Tel est le système admis de nos jours par application du Droit romain et de l'article 901, C. civ. ; — Aubry et Rau, t. VII, § 651, p. 57, § 654, p. 67 ; — Demolombe, t. I, *Des donations*, n°ˢ 383 et s.

2. Domat, *ut supra*. — Pothier, *ut supra*.

la loi ne peut pas toujours atteindre. En l'espèce, quelque répréhensibles que fussent
les agissements de Béline, il n'était donc pas
bien certain que les tribunaux eussent frappé
de nullité le testament fait sur son instiga-
tion. Molière s'en réfère au jugement de l'o-
pinion publique, qui méprise toutes ces subtilités et englobe dans la même condamnation
toutes les indélicatesses.

# CHAPITRE X

## La donation entre-vifs. La captation.

Lorsque au lieu de dispositions testamentaires, ce sont des donations entre-vifs qui sont contestées, la preuve de la suggestion ou de la captation peut paraître plus difficile. Ce ne sont plus seulement ses héritiers, mais c'est lui-même que le donateur dépouille, et il se dépouille de ses biens actuellement et irrévocablement ; on peut donc en conclure que les intrigues et les sollicitations doivent avoir moins d'action sur lui. Certains anciens auteurs allaient même jusqu'à dire qu'une donation entre-vifs ne pouvait être attaquée pour suggestion ou captation. Sans aller jusque-là, il semble que notre ancienne jurisprudence n'admettait que difficilement l'annulation des donations pour ces causes [1], bien que cependant on reconnût que la donation entre-vifs était un contrat [2] : par suite tout vice du consentement devait entraîner son annulation [3].

En réalité et en fait, les manœuvres dolosives de nature à capter et à circonvenir un esprit faible ou affaibli, à lui suggérer un dépouillement, même immédiat de partie ou de totalité de ses biens, ne sont pas choses impossibles. De même que le testament, la donation entre-vifs peut donc être le résultat des plus basses et des plus frauduleuses intrigues, et être annulée pour vice du consentement.

Toute la comédie du *Tartuffe* est la démonstration la plus péremptoire de la pression

1. Conf. Dalloz. *Rép*. vᵒ *Dispositions entre-vifs et testament*, nᵒ 254. — Il est à remarquer que dans notre ancien droit, c'était à l'occasion des testaments que l'on parlait de captation ou de suggestion (v. Pothier, t. VIII, p. 252).

2. Domat, *Lois civiles*, t. X des donations entre-vifs, sect. I, nᵒ I. Telle était l'opinion en droit écrit.

3. Conf. Pothier, t. II, p. 19.

dolosive exercée sur la volonté du donateur, et la condamnation la plus énergique de ces coupables manœuvres. Là le doute n'est pas possible, la captation est liée au dol ; la bonne foi, l'équité veulent qu'une pareille donation ne puisse sortir effet.

Cette comédie du *Tartuffe* a donné lieu aux controverses et aux discussions les plus vives, controverses et discussions qui durent encore. Nous n'avons pas à entrer dans ces débats intéressant la morale et la religion [1].

Ce qu'on voit dans cette comédie : c'est une soi-disant attaque des croyances religieuses, ce sont les fourberies, les impostures du faux dévot, c'est la trahison de Tartuffe cherchant à séduire la femme de son bienfaiteur ; mais ce que l'on voit peu ou pas, ou ce que l'on ne veut pas voir : c'est la spoliation de la famille ou plus généralement du bien d'autrui, c'est la captation ou suggestion opprimant la volonté du donateur, ce sont les manœuvres les

---

1. Conf. R. Doumic, *Revue des Deux Mondes* du 1er mai 1911 p. 225.

plus dolosives pratiquées sous une fausse couleur de religion que Molière stigmatise partout dans sa pièce. Ces manœuvres sont incorporées intimement dans la comédie du *Tartuffe* ; cependant quelques extraits feront mieux comprendre à quel point une donation peut être viciée par la captation, et démontreront qu'alors l'annulation s'impose. On peut dire que c'est la thèse de Molière dans *Le Tartuffe*.

Orgon esprit faible, entièrement dominé par Tartuffe, s'écrie :

Je ne veux point avoir d'autre héritier que vous,
Et je vais de ce pas, en fort bonne manière,
Vous faire de mon bien donation entière.

(Acte III, scène VII in fine.)

Il s'agit donc bien d'une donation entre-vifs comportant un dépouillement actuel et irrévocable. Ainsi dans l'acte IV, scène VII, Orgon, indigné de la fourberie de Tartuffe, qu'il est enfin obligé de reconnaître, lui dit :

Il faut, tout sur-le-champ, sortir de la maison.

Mais, fort de son droit, Tartuffe lui répond :

C'est à vous d'en sortir, vous qui parlez en maître.
La maison m'appartient, je le ferai connaître.

. . . . . . . . . . . . . . . . . .

Une pareille mise en demeure inquiète Orgon ; dans la scène suivante, il réfléchit enfin aux dangers de sa situation juridique :

... Je vois ma faute aux choses qu'il me dit,
Et la donation m'embarrasse l'esprit.

ELMIRE

La donation ?

ORGON

Oui, c'est une affaire faite ;

. . . . . . . . . . . . . . . . . .

Dans la fameuse scène de l'huissier (acte V, scène IV), M. Loyal, dans un langage empreint de circonlocutions et d'onction mensongère, déclare à Orgon :

Et je vous viens, Monsieur, avec votre licence,
Signifier l'exploit de certaine ordonnance.

. . . . . . . . . . . . . . . .

Ce n'est rien seulement qu'une sommation,
Un ordre de vider d'ici, vous et les vôtres,
Mettre vos meubles hors, et faire place à d'autres,
Sans délai ni remise, ainsi que besoin est.

Orgon indigné répond :

Moi ! sortir de céans ?

M. LOYAL

Oui, Monsieur, s'il vous plaît.
La maison à présent, comme savez de reste,
Au bon Monsieur Tartuffe appartient sans conteste.
De vos biens désormais il est maître et seigneur,
En vertu d'un contrat duquel je suis porteur.
Il est en bonne forme, et l'on n'y peut rien dire [1].

1. C'est seulement l'ordonnance royale de février 1731 (rendue sous l'inspiration de d'Aguesseau) qui établit que les donations entre-vifs seraient obligatoirement passées par devant notaires ; c'est aussi ce que prescrit le Code civil. Mais à l'époque de Molière, dans l'usage, on considérait déjà la forme notariée comme obligatoire. (P. Viollet, p. 778 ; — de Ferrière, *Coutume de Paris* sur le titre XIII, t. II, p. 191.) En l'espèce, il est évident que la donation est faite par acte notarié.

Sur les protestations de l'huissier que d'autres

Auraient pu procéder d'une façon moins douce.

Orgon réplique :

Et que peut-on de pis que d'ordonner aux gens
De sortir de chez eux ?

M. LOYAL

On vous donne du temps,
Et jusques à demain je ferai surséance
A l'exécution, Monsieur, de l'ordonnance.
Je viendrai seulement passer ici la nuit
Avec dix de mes gens, sans scandale et sans bruit.
. . . . . . . . . . . . . . . . . , . . . .
Mais demain, du matin, il vous faut être habile
A vider de céans jusqu'au moindre ustensile.

On peut admirer dans toute cette scène,
avec quelle dextérité Molière manie la langue
judiciaire. D'abord, c'est la propriété seule
de la maison qui fait l'objet de la donation :
il s'agit d'expulser les personnes et de faire

évacuer tous les objets mobiliers garnissant
la maison. Pour ce faire, Tartuffe a obtenu,
sur le vu de l'acte notarié contenant donation,
une ordonnance du juge autorisant l'expulsion après sommation. Cette expulsion est
signifiée par Loyal, huissier à verge [1]. Toute
cette procédure est, en la forme, d'une parfaite régularité [2]. On saisit à merveille la gra-
vité de la donation entre-vifs, qui a pour
caractère distinctif que « le donateur se dépouille actuellement et irrévocablement de la
chose donnée », comme le dit l'article 894 du
Code civil, de même que les anciens textes
(Coutume de Paris, art. CCLXXIII), et par
application de la vieille maxime : Donner et

---

1. Les sergents, et devant les tribunaux supérieurs, les huissiers à verge, étaient des officiers royaux chargés de l'exécution des actes et commandements de justice (Ragueau et de
Laurière, Glossaire du droit français, v° *Verge* (Sergent à).

2. Le Constitutionnel du 30 juin 1852, *Molière avocat*, par
Fournier des Ormes (*in fine*). — Avant comme après l'ordonnance de 1731, l'acte notarié, notamment l'acte portant donation entre-vifs était exécutoire (Pothier, t. X, p. 198). — Il en
est de même de nos jours (Loi, 25 ventôse an XI ; C. civ.,
art. 1319, C. pr. civ., art. 547.)

retenir ne vaut [1]. On comprend combien il est utile de faire connaître à tous, ces graves conséquences des donations entre-vifs, pour qu'une personne ignorant le droit ou circonvenue ne se trouve pas entraînée beaucoup plus loin qu'elle ne veut.

Dans ces procédés de Tartuffe, la captation, la spoliation sont manifestes. En équité, tout honnête homme doit s'écrier avec Elmire :

Ce procédé détruit la vertu du contrat ;
Et sa déloyauté va paraître trop noire
Pour souffrir qu'il en ait le succès qu'on veut croire.

(Acte V, sc. V.)

Mais si une donation ainsi viciée est nulle en équité, cette protestation de l'honnêteté contre la spoliation, cette révolte de la cons-

---

1. Toutes ces règles de notre ancien droit sont admises dans notre droit moderne (notamment art. 894 C. civ). Voir pour l'ancien droit : Domat. *Lois civiles*, Tit. X des donations entre-vifs ; — Ragueau et de Laurière, Glossaire du droit français, v° *Donner et retenir ne vaut*.

cience contre le dol et la fraude pouvaient-elles trouver un appui certain auprès des tribunaux?

Nous avons vu que dans notre ancien droit, on était plus imbu que de nos jours, du principe de l'irrévocabilité des donations entre-vifs. Il est à remarquer que, sans aller jusqu'à dire comme certains juristes, que les faits dolosifs de captation ou de suggestion ne peuvent être invoqués comme cause de nullité des donations entre-vifs, la plupart des anciens auteurs ne parlent de ces causes de nullité qu'à l'occasion des dispositions testamentaires seules [1]. Toutefois d'après les principes généraux du droit en matière de contrat, il semble que l'annulation pour vice du consentement aurait pu être poursuivie [2].

Quoi qu'il en soit, un certain doute planait

1. Domat. *Lois civiles*, liv. III, tit. I, sect. V, nos XXV et suiv.; — Pothier, t. VIII, p. 252; — Conf. Édit d'août 1735, art. 47.

2. Il en était surtout ainsi dans les pays de droit écrit.Conf. Domat. *Lois civiles*, tit. X des donations entre-vifs, sect. I, nº 1.

touchant les donations entre-vifs, et l'idée dominante était que l'intérêt du donateur à conserver son bien devait toujours laisser présumer que sa volonté était libre. Si on ajoute les difficultés à faire la preuve des faits de suggestion ou de captation et de leur caractère dolosif [1], le scandale et les lenteurs de pareils procès, on comprend toute l'utilité de cette comédie du *Tartuffe*, où Molière se fait l'interprète de la conscience publique

---

1. Il est souvent fort difficile de déterminer là où il y a dol ou fraude, manœuvres malhonnêtes ou indélicates, et là où il n'y a que de simples relations d'amitié ou de bienveillance, plus ou moins désintéressées sans doute, mais n'ayant rien de dolosif (Demolombe, t. I<sup>er</sup>, *Des donations*, n<sup>os</sup> 382 et suiv). Cet auteur (n° 386) semble viser certaines des pratiques de *Tartuffe* lorsqu'il énumère ainsi certains actes frauduleux de suggestion ou de captation : « ...c'est l'éloignement des héritiers présomptifs et de la famille que l'on ne laisse plus arriver jusqu'à la personne trompée ! et puis, la séquestration de cette personne, qui n'entend plus que celui qui la trompe, qui ne voit plus que par lui, c'est l'intronisation de ce dernier dans la maison, dont il devient le directeur et comme l'oracle ; c'est enfin et surtout l'emploi de la calomnie contre les parents du disposant, l'articulation mensongère et diffamatoire de faits précis et positifs... »

contre des faits que la loi et les tribunaux mettaient souvent trop d'hésitation ou de lenteur à condamner.

Par là on peut s'expliquer aussi le dénoûment bien connu de la pièce, comme nous le verrons par la suite.

C'est donc avec une compréhension parfaite du droit et des principes de justice, que Molière démontre avec tant d'éclat que les donations entre-vifs peuvent être annulées pour captation ou suggestion. Donc au point de vue du droit, la comédie de *Tartuffe* est le procès du dol et de la captation. Nous n'avons pas à voir ou à discuter les prétextes plus ou moins fallacieux invoqués par l'Imposteur pour circonvenir le faible et crédule Orgon, la seule chose qui est démontrée, c'est que la donation entre-vifs, de même que le testament, peut être annulée à raison de manœuvres dolosives.

Voyons donc comment Molière arrive à faire triompher le bon droit. Non content de s'être fait octroyer une donation importante,

Tartuffe, par ses agissements, a obtenu d'Orgon la remise entre ses mains de papiers compromettants confiés par un ami accusé d'un crime d'État. En possession de ces papiers, le fourbe les communique au roi, et un ordre d'arrestation est donné contre Orgon (acte V, sc. VI).

Cependant dans la scène suivante, le roi, mieux éclairé, envoie un exempt [1] qui, non seulement n'arrête pas Orgon, mais, interprète de la volonté royale, lui annonce que le roi a découvert l'odieuse fourberie de *Tartuffe*, qu'il entend l'en punir [2], et qu'il pardonne à Orgon sa complicité dans un crime d'État, à raison de ses services antérieurs.

Enfin visant la donation, l'exempt s'exprime ainsi :

1. L'exempt parle au nom du prince. En effet l'exempt faisait partie des Gardes du corps, tous gentilshommes ; il ne pouvait être un agent subalterne (Les grands écrivains, *Le Tartuffe*, p. 523, note). L'exempt n'avait rien de commun avec les huissiers et sergents, dont les fonctions étaient au contraire mal vues. Nous voyons cependant (*M. de Pourceaugnac*, acte III, sc. V) que les exempts n'étaient pas toujours incorruptibles.

2. On sait que l'exempt procède à l'arrestation de Tartuffe.

D'un souverain pouvoir, il brise les liens
Du contrat qui lui fait un don de tous vos biens.


Ce moyen d'annuler une donation entre-vifs
paraît à première vue assez extraordinaire.
N'était-ce pas aux tribunaux à juger ? et comment expliquer cette intervention royale ? On
peut d'abord y voir une critique des lenteurs
et des incertitudes des tribunaux, puisque le
roi doit agir pour que justice soit rendue.

En droit, ce moyen est conforme aux principes admis sous l'ancienne Monarchie, où
l'on considérait que le roi réunissait en sa
personne tous les pouvoirs, le pouvoir judiciaire comme le pouvoir législatif. Le roi pouvait donc exercer directement sa juridiction
sur certaines affaires, même privées, s'il le
trouvait opportun, et sans avoir à en donner
de motifs [1]. Quant à la forme de cette inter-

---

1. C'est en vertu de ce pouvoir souverain appartenant au
roi que saint Louis rendait la justice à Vincennes. On peut
voir de nombreux exemples de cette *justice retenue* dans les

vention, en l'espèce, elle se justifie par des nécessités théâtrales.

Dans cette intervention royale, Molière trouve aussi le moyen d'adresser à Louis XIV un délicat compliment qui vaut le meilleur des remercîments. On ne doit pas en effet oublier toutes les difficultés que l'on avait accumulées pour empêcher la représentation du *Tartuffe*, et que ce fut seulement grâce à la volonté ferme du roi que cette comédie put être représentée.

En résumé, dans *Le Malade imaginaire* et dans *Le Tartuffe*, ce sont les intrigants, les fourbes et les aigrefins qui sont condamnés. Les subtilités juridiques, le formalisme judi-

arrêts du Conseil du roi, dans le droit d'évocation, etc., jusque dans les derniers temps de l'ancienne Monarchie. Ces questions ont donné lieu à une lutte constante entre le Pouvoir royal et les Parlements. (Laferrière. *Traité de la juridiction administrative* (2° éd.); t. I, p. 148, 153, 163. — Dareste. *La justice administrative* (2° éd.), p. 58 et suiv. — De Tocqueville. *L'ancien régime de la révolution*, p. 80. — Funck-Brentano. *Ce qu'était le roi de France*, Revue des Deux-Mondes, 15 septembre 1911, p. 456, 1ᵉʳ octobre 1911, p. 668 et suiv. — Domat. *Le droit public*, tit. II, sect. II, n° XI.

ciaire doivent céder devant la bonne foi et
l'équité. Le donateur circonvenu et trompé
doit être protégé contre sa propre faiblesse,
ainsi le veulent les principes de la justice.

Le Code civil, tel que l'a interprété une jurisprudence constante, frappe la suggestion
et la captation entachées de dol, s'appliquant
aux donations entre-vifs tout aussi bien qu'aux
testaments, il abandonne avec raison l'appré-
ciation des faits aux tribunaux.

Mais une loi qui frapperait de suspicion
toute une série de dispositions, sans qu'une
pression sur la volonté du disposant soit
établie, porterait atteinte à la liberté et à la justice. On ne saurait donc approuver le législateur lorsqu'il étend abusivement la présomp-
tion d'interposition de personnes, comme
cela a lieu dans les lois concernant les congrégations religieuses (notamment loi 1 juillet 1901, art. 17), car la fraude ne se présume
pas en règle générale.

La liberté des disposants doit être respec-

tée à tous les points de vue, mais elle ne l'est
plus du moment où le législateur ne se borne
pas à la protéger, mais l'entoure d'entraves
si multiples qu'un homme, maître de ses
droits, sain d'esprit et exempt de toute con-
trainte morale, ne peut disposer librement de
ses biens.

# CHAPITRE XI

## La succession légitime.

Dans *Le Malade imaginaire* et dans *Le Tartuffe*, Molière flétrit les spoliateurs de la famille et les intrigants. Mais, pourrait-on dire, Argan de même qu'Orgon avait des enfants, ceux-ci n'avaient qu'à faire tomber ou réduire les dispositions portant atteinte à leurs droits légitimes.

En fait, ces moyens, plus faibles dans notre ancien droit qu'actuellement, peuvent être efficaces pour obtenir la réduction de la libéralité lorsqu'il s'agit d'un testament, mais peuvent être sans effet lorsqu'une donation entre-vifs est faite à un homme comme Tartuffe, qui ne manquera pas de dissimuler avec soin les biens injustement acquis, de telle sorte que l'héritier légitime, au moment du décès

de son auteur, seule époque où il pourrait
faire valoir ses droits, serait en fait dans l'impossibilité de les exercer utilement. Les droits
légitimes des héritiers étaient d'ailleurs fort
réduits sous notre ancienne législation.

On distinguait deux sortes de droits réservés aux héritiers légitimes, dans les pays de
coutumes :

1° *La réserve coutumière ou lignagère*, por-
tion de biens propres [1], que les coutumes,
dans le but de conserver les biens dans les
familles, mettaient à l'abri des libéralités du
défunt : c'était généralement les quatre quints
des propres (Coutume de Paris, art. 295) [2].

Mais tout le surplus des biens, soit tous les
meubles et tous les acquêts (meubles et immeubles) pouvaient faire l'objet de libéralités
inattaquables.

1. Dans les biens propres, il fallait distinguer entre ceux
provenant de la ligne paternelle et ceux de la ligne maternelle,
selon la règle : *paterna paternis, materna maternis*. Ragueau
et de Laurière. Glossaire, v° *Estoc*.

2. P. Viollet, p. 749 et suiv. ; — Pothier, t. VIII, p. 273 ; —
Demolombe, t. II, *Des donations*, n° 15.

Cette réserve s'appliquait seulement aux testaments et non aux donations entre-vifs (Cout. de Paris, art. 272, Orléans, art. 275), et pouvait être invoquée par tout héritier, fût-il au centième degré.

2° *La légitime*, procédant du droit romain. Les pays de coutume l'avait adoptée comme droit subsidiaire ne s'ouvrant qu'autant que les enfants ne trouvaient pas leur réserve dans les propres [1]. A l'égard des descendants, elle était pour chaque enfant de la moitié de sa part *ab intestat* [2]. Ce droit s'appliquait aux donations entre-vifs comme aux testaments, mais le légitimaire pouvait en être dépouillé dans certains cas. C'est ainsi que les filles dotées pouvaient, par contrat de mariage, renoncer à une succession future et à tout droit à la légitime [3]. De même les reli-

---

1. Demolombe, t. II, *Des donations*, n° 17. Les ascendants, et même les frères et sœurs consanguins sous certaines conditions avaient droit à une légitime.

2. P. Viollet, p. 752, 753. — *Coutume de Paris*, art. 290, 292, 298 ; *Cout. d'Orléans*, art. 274.

3. Pothier, t. I, p. 373. — P. Viollet, p. 710, 711. Dans certai-

gieux et religieuses perdaient, en prononçant leurs vœux, tout droit à la succession de leurs auteurs [1].

D'autre part, le père et la mère pouvaient prononcer l'exhérédation (emportant perte de la légitime) pour plusieurs causes déterminées, et nous avons vu précédemment que le mariage célébré sans leur consentement était un des motifs d'exhérédation. En dehors de ces cas, l'exhérédation ne devait pas être prononcée, et l'héritier légitime pouvait la faire tomber *(querela inofficiosi testamenti).*

Lors donc qu'Orgon (*Le Tartuffe*, acte III, sc. VI) menace son fils en ces termes :

Vite, quittons la place.
Je te prive, pendard, de ma succession,
Et te donne, de plus, ma malédiction.

nes coutumes, il suffisait que les filles fussent dotées d'une façon quelconque fût-ce : *d'un chapel de roses.*

1. *Coutume de Paris*, art. 337 : « Religieux et religieuses profès ne succèdent à leurs parents, ni monastère pour eux. » Cl. de Ferrière, t. II, p. 405.

Une pareille exhérédation aurait été sans valeur juridique, puisque Damis ne se trouvait dans aucun des cas prévus par la législation.

Molière, spécialement dans la comédie de *Tartuffe* (acte IV, sc. I), plaide avec chaleur la cause des héritiers légitimes.

Les accusations de l'Imposteur contre le droit de succession légitime n'ont pas vieilli, et l'on peut même dire que, de nos jours, on ne fait que laïciser la formule au profit des doctrines socialistes [1]. Donc voici comment s'exprime Tartuffe :

Cette donation qu'il a voulu me faire,
Ce n'est, à dire vrai, que parce que je crains
Que tout ce bien ne tombe en de méchantes mains ;
Qu'il ne trouve des gens qui, l'ayant en partage,
En fassent dans le monde un criminel usage
Et ne s'en servent pas, ainsi que j'ai dessein,
Pour la gloire du Ciel et le bien du prochain.

Ces sophismes, ces procédés odieux et hy-

---

1. On sait que la suppression du droit de succession légitime est un des premiers articles de toutes les doctrines socialistes.

pocrites de Tartuffe ne peuvent qu'être ré-
prouvés. A l'époque actuelle, certains utopis-
tes, certains partis politiques prétendent faire
le bonheur de la société par l'abolition du
droit de réserve et même par l'abolition complète de toute succession légitime. On comprend combien l'adoption de tels systèmes
pourrait faire le jeu des intrigants.

A toutes les spoliations des fortunes privées, Molière répond par des arguments de
bonne foi et d'équité :

Eh ! monsieur, n'ayez point ces délicates craintes,
Qui d'un juste héritier peuvent causer les plaintes,
Souffrez, sans vous vouloir embarrasser de rien,
Qu'il soit, à ses périls, possesseur de son bien,
Et songez qu'il vaut mieux encor qu'il en mésuse
Que si de l'en frustrer il faut qu'on vous accuse.

. . . . . . . . . . . . . . . . .

    ... le vrai zèle a-t-il quelque maxime
Qui montre à dépouiller l'héritier légitime ?

Molière exprime bien ici l'indignation d'un
honnête homme. Peut-on concevoir en effet

de solution plus injuste que celle qui consiste *à chasser le fils de la maison*, à le dépouiller soit directement, soit par voie détournée, du bien paternel. Les spoliateurs,
quelques titres qu'ils invoquent, de quelques
*excuses colorées* qu'ils se couvrent, que ce
soit leur intérêt personnel ou tout autre qui
soit en jeu, seront toujours condamnés par le
bons sens et la bonne foi.

# CHAPITRE XII

## Le prêt à intérêt.

En dehors des questions relatives au mariage, aux droits réciproques des époux, aux successions, aux testaments et donations, questions juridiques sur lesquelles Molière s'étend avec le plus de complaisance, le prêt à intérêt fait l'objet d'une critique sévère dans *L'Avare* : fine critique à tous les points de vue, visant à la fois les mœurs et peut-être aussi les lois, si l'on songe qu'à cette époque la législation prohibait en principe le prêt à intérêt. En effet par une singulière erreur, on confondait le prêt à intérêt avec l'usure, et on le considérait comme contraire à certains textes des Ecritures Saintes et à certaines prescriptions de l'Église [1]. Les prêteurs étaient frappés de peines sévères [2]. Toutefois on ne poursuivait que les usures énormes, et la distinction entre celles-ci et les petites usures était constante dans l'usage [3]. C'était donc un sérieux tempérament à la rigueur des lois admis par la pratique. Mais en droit strict, le prêt devait être gratuit, ne pas porter intérêt, puisque c'était ainsi que le prêteur pouvait être assuré de ne pas être inquiété.

1. Domat. *Lois civiles*, Livre I, Titre VI.—Pothier. *Traité de l'usure*, nos 53 et suiv., t. V, p. 63. — *Dalloz, Rép.*, vo *Prêt à intérêt et à usure*, nos 5 et suiv. — P. Viollet. *Précis de l'histoire du droit français*, p. 582 et suiv.

2. Aux termes de l'art. 202 de l'ordonnance de Blois de 1579, les peines contre les usuriers étaient, pour la première fois: amende honorable, bannissement et condamnation à de grosses amendes dont un quart revenait au dénonciateur; pour la seconde fois : confiscation de corps et de biens, peine entraînant la mort civile, galères à perpétuité ou bannissement hors du royaume à perpétuité. Les mêmes peines étaient prononcées contre les proxénètes, médiateurs et entremetteurs. Mais on ne punissait ainsi que les usures énormes. Pothier. *Traité de l'usure*, no 115, t. V, p. 93.

3. Pothier, *ut supra*. Le prêt à intérêt était permis en matière commerciale, no 68.

Divers procédés étaient employés pour tourner une législation si rigoureuse. C'était d'abord la constitution de rente, même non assignée sur des fonds, ou aliénation perpétuelle d'un capital sous la condition du paiement d'intérêts ou de rente. La rente constituée était essentiellement rachetable pour le débiteur [1].

On admettait que le prêt lui-même pouvait légitimement produire des intérêts, si ces intérêts étaient la compensation ou le dédommagement du préjudice que le prêteur avait souffert à raison du prêt lui-même. Par exemple, si le prêteur avait été obligé de vendre des effets à la hâte pour fournir la somme d'argent dont l'emprunteur avait un pressant besoin [2].

On admettait également l'allocation d'intérêts à titre d'indemnité, lorsque l'emprunteur avait été mis en demeure par une interpella-

1. Cl. de Ferrière, *Coutume de Paris* sur l'art. CXIX. — P. Viollet, p. 582, 583.
2. Pothier, *ut supra*, nos 53 et 117.

tion judiciaire (V. notamment : Ordonnance de Blois de 1579 ; sous Henri IV, ordonnance de 1605 ; sous Louis XIII, ordonnance de 1629 ; sous Louis XIV, ordonnance de 1675). Il en résultait, et cela était passé en usage, que l'on assignait en justice pour légitimer les intérêts des sommes prêtées ; singulier système qui forçait ainsi les parties à obtenir jugement, sans qu'elles puissent en éviter les frais par une convention [1].

De nombreuses exceptions avaient d'autre part été accordées par les rois de France à la règle interdisant le prêt à intérêt. Cette règle d'ailleurs, dans les derniers temps de la Monarchie surtout, se relâchait de plus en plus, et aucune autorisation n'était plus nécessaire. On en était venu à reconnaître la légitimité du prêt à intérêt lorsque l'intérêt était modéré [2],

_______

1. *Dalloz. Rép.* v° *Prêt à intérêt et usure*, n° 10. — Conf. Pothier, *ut supra*, n° 117.

2. Montesquieu. *Esprit des lois*, livre XXII, chap. XXII. — Pothier, *ut supra*, n° 67. — *Dalloz, ut supra*, n°s 7 et suiv. — Conf. P. Viollet, p. 594.

et même d'une manière générale, de tout prêt à intérêt, de tout placement de fonds sans aliénation du capital et productif d'intérêts réglés par la seule convention. Ainsi la rigidité des lois avait cédé à la force des choses, comme Turgot le constate en 1769 [1].

Si, en fait, les prohibitions légales n'empêchaient pas le prêt à intérêt, elles le rendaient plus difficile ; ces difficultés avaient une conséquence qui se retournait contre le vœu du législateur. En effet les prêts à intérêt, contractés malgré tous les obstacles, étaient assujettis à des conditions d'autant plus dures et onéreuses pour l'emprunteur, que le prêteur subissait des risques plus exceptionnels et était même exposé à n'être pas remboursé, puisqu'il n'avait pas d'action en jus-

---

1. Cité par *Dalloz, loc. sup. cit.* Cette tendance existait déjà sous Louis XIV, car dans sa défense, le surintendant Fouquet parle ouvertement des « intérêts légitimes » auxquels il a droit pour sommes avancées au roi (P. Viollet, p. 594). Enfin la prohibition du prêt à intérêt n'était pas en général, suivie dans les pays de Droit écrit ; on s'y conformait aux règles du Droit romain en cette matière. (Aubry et Rau, tome IV, § 396, p. 603.)

tice. Toutes ces difficultés constituaient ainsi d'excellents prétextes pour les usuriers : nous allons voir combien Harpagon sait en tirer parti.

Dans la scène I de l'acte II de *L'Avare*, le valet La Flèche, chargé par son maître Cléante, le fils d'Harpagon, de chercher un prêteur, lui rend compte de sa mission : « Ma foi, « Monsieur, ceux qui empruntent sont bien « malheureux, et il faut essuyer d'étranges « choses lorsqu'on en est réduit à passer, « comme vous, par les mains des fesse-ma- « thieux. »

Multiples sont d'abord les précautions prises des deux côtés pour dissimuler le caractère de l'opération. C'est par l'intermédiaire d'un courtier que l'emprunteur engage l'affaire. Quant au prêteur, il prend encore plus de soin à se cacher : on ne veut pas dire son nom, c'est dans une maison tierce que les parties se rencontrent, et c'est de la bouche même de l'emprunteur qu'il doit être instruit de son bien et de sa famille. L'acte de prêt est soigneu-

sement dissimulé. « Supposé que le prêteur
« voie toutes ses sûretés, et que l'emprunteur
« soit majeur et d'une famille où le bien soit
« ample, solide, assuré, clair et net de tout
« embarras, on fera une bonne et exacte obli-
« gation par-devant un notaire, le plus hon-
« nête homme qu'il se pourra, et qui pour
« cet effet sera choisi par le prêteur, auquel
« il importe le plus que l'acte soit dûment
« dressé. »

Ainsi que le dit Cléante : « Il n'y a rien à
dire à cela. » Non seulement c'est l'usage en
affaires, mais encore et surtout à cette époque
à raison des prohibitions légales, il était indispensable que l'acte dissimulant le prêt
(usure énorme en l'espèce), fût entouré de
toutes les apparences de la légalité pour sauvegarder les droits du prêteur, d'où la nécessité de la forme notariée. Le notaire devait
spécialement avoir soin de ne pas mentionner
d'intérêts dans l'acte qu'il dressait [1].

1. Aux termes d'une ordonnance de Louis XII, il était défendu « à tous notaires de recevoir aucuns contrats usuraires

Les intérêts, ne pouvant pas figurer dans l'acte, devaient faire l'objet d'une contre-lettre : ils sont calculés *au denier dix-huit*, c'est-à-dire à plus de cinq pour cent. Jusque-là l'emprunteur n'a pas à se plaindre : il n'en est plus de même de la suite.

« Mais, comme ledit prêteur n'a pas chez « lui la somme dont il est question, et que « pour faire plaisir à l'emprunteur il est con- « traint lui-même de l'emprunter d'un autre « sur le pied du denier cinq (20 %), il convien- « dra que ledit premier emprunteur paye cet « intérêt, sans préjudice du reste, attendu que « ce n'est que pour l'obliger que ledit prê- « teur s'engage à cet emprunt. »

Cet argument pour masquer l'intérêt exigé, pouvait être une raison suffisante, ainsi que nous l'avons vu précédemment, mais en l'espèce, ce n'était en réalité qu'un prétexte pour réclamer un intérêt très usuraire. Aussi Clé-

« sur peine de privation de leurs états et d'amendes arbitrai- « res. » On ne l'appliquait que pour usures énormes. Pothier, *ut supra*, n° 115.

ante s'écrie-t-il : « Comment diable ! Quel Juif, quel Arabe est-ce là ? C'est plus qu'au denier quatre (25 %). »

Reste encore un article qui aggrave singulièrement la situation de l'emprunteur.

« Des quinze mille francs qu'on demande,
« le prêteur ne pourra compter en argent que
« douze mille livres, et, pour les mille écus
« restants, il faudra que l'emprunteur prenne
« les hardes, nippes et bijoux dont s'ensuit
« le mémoire, et que ledit prêteur a mis de
« bonne foi au plus modique prix qu'il lui a
« été possible. »

Suit alors toute l'énumération bien connue d'objets les plus disparates, où l'on voit figurer à côté d'une tapisserie des Amours de Gombaut et de Macée, des mousquets, des cornues et récipients fort utiles à ceux qui sont curieux de distiller, une peau de lézard etc., etc. « Le tout, ci-dessus mentionné,
« valant loyalement plus de quatre mille cinq
« cents livres, et rabaissé à la valeur de mille
« écus par la discrétion du prêteur. »

Enfin Cléante s'indignant d'être obligé de prendre à son prêteur « les vieux rogatons « qu'il ramasse » et de consentir à tout ce qu'il veut, La Flèche conclut : « Je vous vois, « Monsieur, ne vous en déplaise, dans le « grand chemin justement que tenait Panurge « pour se ruiner, prenant argent d'avance, « achetant cher, vendant à bon marché, et « mangeant son blé en herbe. »

L'exposé si fidèle que Molière développe de tous les moyens employés pour tourner la loi trop sévère prohibant le prêt à intérêt peut contenir à la rigueur une critique implicite de cette loi, bien que, en fait, déjà à cette époque les tribunaux se montrassent plus faciles ; mais c'est bien plutôt la condamnation de la rapacité des usuriers et de leurs procédés illégaux et injustes. En cela cette pièce est toujours d'actualité, maintenant le prêt à intérêt est permis, et seuls les intérêts excessifs sont illicites [1]. Il n'en résulte pas moins que les

1. La loi du 12 janvier 1886 supprime la limite pour les prêts commerciaux.

moyens frauduleux employés par Harpagon,
le sont encore de nos jours, par exemple, pour
imposer aux emprunteurs un intérêt exorbi-
tant [1]; ou le remboursement d'une somme su-
périeure à celle qui a été prêtée. Ainsi on voit
encore certains prêteurs dissimuler, sous l'apparence de vente, de dépôt, de transaction, un
prêt usuraire ou une vente faite à un non com-
merçant, moyennant un prix manifestement
trop élevé, d'un lot de marchandises bizarres
et sans valeur [2]. En résumé, bien que nos lois
autorisent actuellement le prêt à intérêt, même
sans limitation de taux lorsqu'il s'agit d'affaires commerciales, cependant les agissements
et les manœuvres ayant un caractère usuraire
sont toujours condamnables. Enfin, si l'on
peut critiquer dans *L'Avare* de Molière qu'un
fils fasse la leçon à son père, cependant on ne
peut blâmer Cléante de dire : « Qui est plus
« criminel, à votre avis, ou celui qui achète

1. Rennes, 21 mai 1879, *Sirey*, 1880.II.73 ; Lyon, 26 août 1881,
*Sirey*, 1882.II.168.
2. C. cass. Ch. crim., 10 juin 1898, *Sirey*. 1899.I.424.

« un argent dont il a besoin, ou bien celui
« qui vole un argent dont il n'a que faire ? »
(*L'Avare*, acte II, sc. II). Molière a donc eu
raison de stigmatiser ces odieuses exactions
qui spéculent sur la misère, et la leçon qu'il
donne s'étend à toutes les époques.

# CHAPITRE XIII

## Le monde judiciaire. La procédure civile.

Partout dans le théâtre de Molière, surgissent au regard de l'observateur des critiques plus ou moins détournées, dirigées contre les abus et la violation du droit. Mais c'est surtout contre la procédure que s'élèvent les plus violentes accusations. La scène V de l'acte II des *Fourberies de Scapin,* qui serait à citer tout entière, contient la condamnation la plus sévère de *ces détours de la justice,* de *ces procédures embarrassantes,* de ces pratiques souvent si blâmables du monde judiciaire.

Tous les écrivains de l'époque s'élevaient contre les difficultés que l'on rencontrait pour se faire rendre justice. Est-il besoin de citer

*Les Plaideurs* de Racine que Molière qualifiait d'*excellente comédie*[1], qualification d'une comédie qui résume bien tous les griefs formulés contre la chicane.

Non seulement les hommes de lettres, mais aussi les jurisconsultes se plaignaient amèrement de ces complications inextricables des procès (dont la tradition ne s'est malheureusement pas tout à fait perdue). Des ordonnances royales (1667-1670) contemporaines des co-

---

1. Louis Racine, dans ses *Mémoires* sur la vie de Jean Racine son père, s'exprime ainsi : « Molière qui était présent à cette seconde représentation (*Les Plaideurs*) quoique alors brouillé avec l'auteur, ne se laisse séduire ni par aucun intérêt particulier, ni par le jugement du public : il dit tout haut en sortant, que cette comédie était excellente et que ceux qui s'en moquaient méritaient qu'on se moquât d'eux. » Plus loin il ajoute que « Louis XIV jugea de la pièce comme Molière en avait jugé. » — Rabelais dans maints passages tourne en ridicule la manière de rendre la justice, notamment : *Pantagruel*, livre III, chap. 39, 42, 43 ; liv. IV, chap. XII, XIV et suiv. — De même dans Boileau, dans La Fontaine, *L'huître et les plaideurs*, etc. La même fable par Boileau contient ces deux vers à retenir :

Des sottises d'autrui nous vivons au Palais.
Messieurs, l'huître était bonne. Adieu, vivez en paix.

médies de Molière, avaient, il est vrai, tenté une réforme de la procédure [1]. Mais cette réforme était timide, et à raison d'une routine séculaire, son application se heurtait à bien des mauvais vouloirs. Les critiques que Molière met dans la bouche de Scapin sont donc l'expression de la vérité.

C'étaient d'abord les degrés de juridiction trop multipliés qui éternisaient les procès et ruinaient les plaideurs [2]. C'était également le nombre des actes de procédure aussi coûteux qu'inutiles. Ces complications de la procédure existaient en toute matière, et l'obscurité de la langue judiciaire n'était pas faite pour les dissiper.

Ainsi M. de Pourceaugnac (acte II, sc. X),

1. Cette ordonnance avait été inspirée par Pussort, et c'est de ce conseiller d'État dont parle Boileau dans *Le Lutrin* (chant V) pour combattre le monstre de la chicane :

> En vain, pour le dompter, le plus juste des rois
> Fit régler le chaos des ténébreuses lois :
> Ses griffes, vainement par Pussort accourcies,
> Se rallongent déjà, toujours d'encre noircies ;

2. Paringault, p. 13, cite Chenu, *Des Offices*, p. 1182.

en butte au chantage de femmes qui l'accusent de polygamie, se défend en employant très exactement les termes de la chicane. A Sbrigani lui disant que pour parler ainsi, il doit être du métier, qu'il doit avoir étudié la pratique, M. de Pourceaugnac répond, en se servant des expressions les plus barbares de la basoche, tout en prétendant qu'il ne fait que parler selon le sens commun. Sbrigani réplique : « Il me semble que le sens commun d'un gentilhomme peut bien aller à concevoir ce qui est du droit et de l'ordre de la justice, mais non pas à savoir les vrais termes de la chicane. »

Mais M. de Pourceaugnac prétend que ces mots-là lui viennent sans qu'il les sache, et qu'il les a retenus *en lisant les romans*. Tout cela est une critique mordante du langage barbare employé dans la procédure, et dont l'obscurité était le moindre défaut.

Les frais considérables des procès étaient un des abus dont on se plaignait le plus alors (il en est de même encore maintenant), beaucoup de ces frais étaient vraiment frustratoires ou créés dans un intérêt purement fiscal, ce qui n'est pas non plus spécial à l'ancien Régime.

Molière, par la bouche de Scapin *(Les Fourberies de Scapin*, acte II, sc. V), insiste sur ces frais inhérents à tous les actes de la procédure et énumère ces actes en homme du métier, dans un but de vive critique.

« Mais, pour plaider, il vous faudra de l'ar-
« gent. Il vous en faudra pour l'exploit, il
« vous en faudra pour le contrôle. Il vous
« en faudra pour la procuration, pour la pré-
« sentation, conseils, productions et journées
« du procureur. Il vous en faudra pour les
« consultations et plaidoiries des avocats,
« pour le droit de retirer le sac et pour les
« grosses d'écritures. Il vous en faudra pour
« le rapport des substituts, pour les épices
« de conclusion, pour l'enregistrement du
« greffier, façon d'appointement, sentences
« et arrêts, contrôles, signatures et expédi-
« tions de leurs clercs, sans parler de tous

« les présents qu'il vous faudra faire. Donnez
« cet argent-là à cet homme-ci, vous voilà
« hors d'affaire ».

Sans entrer dans une explication complète
de tous ces termes de l'ancienne procédure,
nous interpréterons quelques-unes des expressions dont le sens peut échapper, soit
parce qu'elles ont vieilli, soit parce que les
lois ont changé [1].

— Le *contrôle* de l'exploit d'ajournement
était l'insertion de cet exploit sur un registre
par un officier public appelé contrôleur des actes, dans les trois jours de sa date : mention
en était faite sur l'original pour empêcher les
antidates et les faux exploits [2].

— La *présentation* était l'acte par lequel un
procureur déclarait se présenter pour telle
partie. Il y avait des greffes de présentations,
et l'on devait payer des droits [3]. Aujourd'hui

1. Sur ces divers points : Paringault, p. 12 et suiv.
2. Pothier. *Traité de la procédure civile*, chap. 1ᵉʳ, nᵒˢ 26 et
suiv.
3. Pothier, *id. ibid.*, nᵒ 31.

la présentation est remplacée par la constitution d'avoué.

— *Le droit de retirer le sac*. Le dossier ou les liasses de pièces d'un procès étaient mis alors dans un sac : ainsi retirer le sac, c'est retirer les pièces, on disait communiquer le sac, etc. [1].

— Il y avait *appointement* lorsque les juges, sur la plaidoirie des avocats, ne se trouvaient pas assez instruits pour juger la cause, de trop difficile discussion. Ils prononçaient alors *l'appointement* (diverses sortes d'appointements) [2], ce qui équivalait soit à la mise en délibéré, soit à l'instruction par écrit, existant actuellement.

— Il fallait donner des *présents*, non seulement aux juges eux-mêmes, sous le nom *d'épices* ainsi que nous le verrons, mais même à

1. Racine dans *Les Plaideurs* (acte I, sc. VI) écrit ces vers

« Que de sacs ! il en a jusques aux jarretières »

et ailleurs :

« De sacs et de procès j'ai fait provision. »

2. Pothier, *id. ibid.*, n°° 212 et suiv.

des personnes de leur famille, les touchant de près [1], mais aussi aux secrétaires, aux clercs, et aux plus humbles serviteurs appartenant à la basoche ou à la magistrature [2].

Scapin dans la même scène V, adresse les plus violentes accusations au monde judiciaire : « Voyez, dit-il, ...combien d'animaux « ravissants par les griffes desquels il vous « faudra passer : sergents, procureurs, avo- « cats, greffiers, substituts, rapporteurs, ju- « ges, et leurs clercs. Il n'y a pas un de tous « ces gens-là qui, pour la moindre chose, ne « soit capable de donner un soufflet au meil- « leur droit du monde... »

C'est d'abord un sergent qui « baillera de « faux exploits, sur quoi vous serez condamné « sans que vous le sachiez ». On donnait, dans les justices subalternes, le nom de sergents aux officiers publics qui s'appelaient huissiers dans les Cours supérieures. Ce métier était

---

1. Voir les *Mémoires* de Beaumarchais dans l'affaire Goezman.
2. Voir *Les Plaideurs* de Racine.

fort décrié. A l'origine, les exploits étaient faits verbalement ; plus tard on exigea qu'ils fussent faits par écrit ; l'ordonnance de 1667 prescrivit que les huissiers et sergents sussent écrire. Mais leur écriture était souvent illisible, et les actes rédigés dans un style barbare (ces reproches n'ont pas tous vieilli). Nous lisons dans *le Misanthrope* (acte IV, sc. IV) :

Monsieur, un homme noir et d'habit et de mine
Est venu nous laisser, jusque dans la cuisine,
Un papier griffonné d'une telle façon
Qu'il faudrait, pour le lire, être pis que démon.

Comme les huissiers et sergents étaient souvent l'objet de mauvais traitements, le législateur avait édicté des peines sévères pour les protéger. Nous voyons dans *Tartuffe* (acte V, sc. IV) que l'huissier menacé par Dorine de recevoir des coups de bâton, la menace d'un décret de prise de corps :

... Et l'on décrète aussi contre les femmes.

Scapin (acte II, scène V) continue ses attaques : « Votre procureur s'entendra avec votre
« partie et vous vendra à beaux deniers comp-
« tants. »

Les procureurs étaient mal vus ; leur rôle,
analogue à celui de nos avoués, était bien
loin de jouir de la même considération. Non
seulement les écrivains flétrissaient la rapacité des procureurs et les accusaient de
trahir ou de mal défendre les intérêts de leurs
clients, mais les juristes eux-mêmes les
considéraient comme une cause des désor-
dres de la justice[1]. Molière n'est donc en tout
ceci que l'écho de la rumeur publique.

Continuant son réquisitoire, Scapin dit :
« Votre avocat, gagné de même, ne se trou-
« vera point lorsqu'on plaidera votre cause,
« ou dira des raisons qui ne feront que battre
« la campagne et n'iront point au fait. »

Ces accusations dirigées contre les avocats
peuvent surprendre. En effet nous avons

--------

1. Paringault, p. 17. — Racine. *Les Plaideurs*, acte I, sc. VI.

vu dans *Le Malade imaginaire* (acte I, sc. VII), Molière adresser au contraire un délicat hommage aux avocats, comme respectueux du droit et de l'honnêteté professionnelle. Certains ont même cru voir dans cet hommage, le respect d'une robe que Molière aurait jadis portée [1], mais cette interprétation peut paraître excessive. Ailleurs, dans *Monsieur de Pourceaugnac* (acte II, sc. XI) l'élocution vicieuse de certains avocats est tournée en ridicule : deux avocats figurent dans une scène de ballet, l'un traîne ses paroles, l'autre parle très vite en bredouillant, tout en énumérant les noms de tous les juristes et de toutes les nations civilisées qui condamnent la polygamie [2].

1. Truinet, *Pourquoi Molière n'a pas joué les avocats*, Revue historique du droit français et étranger, 1855, t. I, p. 84. — Fournier des Ormes, *Le Constitutionnel*, du 30 juin 1852.

2. A l'époque de Molière, l'éloquence du barreau prêtait parfois au ridicule. Louis Racine dans ses mémoires sur son père, rapporte que l'Intimé qui, dans la cause du chapon (*Les Plaideurs*, acte III, sc. III), commence comme Cicéron *Pro Quintio*, désignait un avocat qui s'était servi du même exorde dans

Dans *Les Fourberies de Scapin*, ce sont des accusations autrement graves dirigées contre l'honorabilité et la probité même de certains avocats, et aussi contre certains *méchants plaisants d'avocats* dont les plaideurs *essuyent les sottises devant tout le monde.*

En réalité, Molière n'entend nullement englober dans de pareilles accusations le barreau, qui jouissait à cette époque comme maintenant de la considération universelle, mais seulement ceux de ses membres qui déshonoraient la profession. L'hommage mis dans la bouche du notaire du Malade imaginaire, à l'adresse des avocats, conserve donc toute sa force. Et en effet, des avocats tels que Patru, Fourcroy (dont Molière était l'ami), et tant d'autres, illustraient le barreau par leur honorabilité et leur talent. Tous les penseurs s'associaient à ce jugement de La Bruyère que « la fonction de l'avocat est pénible, labo-

la cause d'un pâtissier contre un boulanger. — Voir aussi les exemples cités par M. d'Avenel, *Revue des Deux-Mondes*, 15 septembre 1908, p. 308 et suiv.

« rieuse, et suppose dans celui qui l'exerce,
« un riche fonds et de grandes ressources [1] ».

Mais si la profession d'avocat était généralement estimée, elle n'avait pas le brillant dont
était revêtue la qualité de gentilhomme qui
jouissait alors de toutes les prérogatives ; d'où
vient que M. de Pourceaugnac (acte II, sc. X)
se défend d'être avocat et ne veut se prévaloir
que de sa qualité de gentilhomme.

Les greffiers ne sont pas non plus épargnés
par Scapin, et nous savons l'opinion de Molière sur les notaires.

Enfin Scapin ajoute : « Le clerc du rappor-
« teur soustraira des pièces, ou le rappor-
« teur même ne dira pas ce qu'il a vu. Et
« quand, par les plus grandes précautions
« du monde, vous aurez paré tout cela, vous
« serez ébahi que vos juges auront été solli-
« cités contre vous ou par des gens dévots

---

1. La Bruyère, *Caractères*, De la chaire. V. aussi : *De la ville*
et *De quelques usages.* — Voir cependant sur la situation sociale des avocats : d'Avenel, *ut supra*, p. 376 et s.

« ou par des femmes qu'ils aimeront... »
(acte II, sc. V).

Des pratiques vicieuses qui s'étaient intro-
duites dans l'administration de la justice don-
nèrent lieu à de nombreuses critiques que
Molière reproduit ici, ainsi que dans plusieurs
endroits de son théâtre.

On sait que sous notre ancienne Monarchie,
la vénalité des offices de judicature était la
règle : c'est-à-dire que le juge achetait sa
charge et en devenait propriétaire, comme
encore actuellement les officiers ministériels [1]. Ce système donnait à la Magistrature
une grandeur et une indépendance exception-
nelles vis-à-vis du pouvoir royal, ainsi que
l'atteste l'histoire de nos anciens Parlements,
présentait des garanties pour les libertés pu-
bliques, mettait les magistrats à l'abri des
fluctuations et des influences de la politique,

---

1. Du temps de Molière, de nouveaux offices avaient été créés
en trop grand nombre dans le seul but de faire face aux dépenses excessives du Trésor. — Voir sur la situation des magistrats : d'Avenel, *Revue des Deux-Mondes*, 1er juin 1906, p. 614.

plus que ne peuvent le faire d'autres garanties, telle que même l'inamovibilité, enfin assurait l'impartialité des juges.

Mais des abus avaient en fait vicié cette belle indépendance des magistrats et mis trop souvent en doute leur impartialité.

En premier lieu, il faut citer la sollicitation aux juges, pratiquée soit par des tiers, soit par les parties elles-mêmes ; singulière habitude à laquelle Molière fait allusion dans le passage précité des *Fourberies de Scapin*.

Ainsi il était d'usage que les plaideurs fissent une ou plusieurs visites aux juges chargés d'instruire leur affaire et de prononcer le jugement.

Parfois toute une famille sollicitait le juge. M^me de Sévigné raconte une démarche qu'elle avait faite ainsi en 1675 :

« Nous avons gagné notre petit procès Ven-
« tadour ; nous en avons fait les marionnet-
« tes d'un grand, car nous l'avons sollicité.
« La princesse de Tinguy était à l'entrée des

« juges et moi aussi, et nous avons été re-
« mercier [1]. »

Tous les moralistes s'élevaient contre cette
pratique que l'usage avait imposée aux plaideurs, mais qui discréditait la justice. La
Bruyère s'exprime ainsi : « Celui qui sollicite
« un juge ne lui fait pas honneur : car ou il
« se défie de ses lumières et même de sa
« probité, ou il cherche à le prévenir, ou il
« lui demande une injustice [2]. »

Cet usage de la sollicitation ne pouvait
échapper aux vives critiques de Molière, c'est
ce que nous voyons dans *Le Misanthrope*
(acte I, sc. I). Philinte insiste auprès d'Alceste pour qu'il donne plus de soin à son
procès et lui dit :

1. *Collection des grands écrivains*, t. III, p. 509 et 510.
2. La Bruyère. *Caractères*, De quelques usages. — J.-J. Rousseau dans sa lettre à d'Alembert sur les Spectacles, développe
les mêmes raisons en termes plus violents. Ces déplorables
pratiques persistèrent jusque dans les derniers temps de l'ancien Régime. Ainsi les *Mémoires* de Beaumarchais dans l'affaire
Goezman nous révèlent combien ces usages de la sollicitation
aux juges et des cadeaux faits à leurs proches avaient de scan-
daleuses conséquences et discréditaient la magistrature.

Mais qui voulez-vous donc qui pour vous sollicite ?

ALCESTE

Qui je veux ? la raison, mon bon droit, l'équité.

PHILINTE

Aucun juge par vous ne sera visité ?

ALCESTE

Non : est-ce que ma cause est injuste ou douteuse ?

PHILINTE

J'en demeure d'accord, mais la brigue est fâcheuse,
Et...

ALCESTE

   Non j'ai résolu de n'en pas faire un pas ;
J'ai tort ou j'ai raison.

PHILINTE

   Ne vous y fiez pas.

ALCESTE

Je ne remuerai point.

PHILINTE

   Votre partie est forte,
Et peut par sa cabale entraîner...

Mais malgré ces instances, le Misanthrope persiste à ne pas vouloir solliciter ses juges :

> ...J'aurai le plaisir de perdre mon procès.

Il ajoute encore :

> ...Je verrai dans cette plaiderie,
> Si les hommes auront assez d'effronterie,
> Seront assez méchants, scélérats et pervers,
> Pour me faire injustice aux yeux de l'univers.

Le résultat de tant de scrupule et de tant de confiance dans la justice se voit dans l'acte V, scène I : Alceste perd son procès et ne veut rien faire pour obtenir la réformation du jugement, il ajoute même :

> Et je veux qu'il demeure à la postérité
> Comme une marque insigne, un fameux témoignage
> De la méchanceté des hommes de notre âge.

Dans le passage cité précédemment des *Fourberies de Scapin* on voit de même que ce sont les solliciteurs qui gagnent leurs procès[1]. Quelle condamnation plus énergique de ce fâcheux usage dont les effets étaient de faire naître le soupçon sur l'impartialité des juges. Combien c'est avec raison que notre législation moderne condamne une telle pratique. Mais combien il serait regrettable que, de nos jours, les influences politiques ou autres pussent, sous une forme dissimulée, faire renaître des abus.

D'autres usages jetaient également du discrédit sur la magistrature, c'étaient non seulement les frais de justice trop élevés, les complications excessives de la procédure, mais surtout l'obligation imposée aux plaideurs de payer eux-mêmes leurs juges, sous le nom *d'épices*[2]. Molière, par une énuméra-

---

1. Voir encore *Le Misanthrope*, acte II, sc. I. — Il y avait des solliciteurs, sorte d'agents d'affaires, dont le métier était d'intriguer auprès des juges ; des femmes remplissaient souvent ce rôle.

2. A l'origine, le plaideur qui gagnait son procès donnait aux juges du sucre, des dragées, des confitures et des épices : d'où le nom *d'épices*. — Rabelais (*Pantagruel*, livre III, chap. 39) parle de recevoir « telles dragées et espisseries d'une part et d'aultre »

tion très complète de tous ces frais, dans cette même scène V de l'acte II des *Fourberies de Scapin*, flétrit de tels abus.

Il ne faut pas cependant dire que les *épices* que l'on donnait aux juges étaient le prix de leur corruption : ces cadeaux jouaient un rôle dans l'administration de la justice, et du jour où les *épices* furent converties en argent, elles prirent le caractère d'une sorte de taxe ou d'honoraires. En réalité, les *épices* étaient le droit payé aux juges pour avoir vu et jugé les procès par écrit. Pour les procès jugés à l'audience sur requête, sans instruction écrite, on ne devait rien payer aux juges ; mais le législateur eut beaucoup de mal pour obtenir des juges ce désintéressement [1].

comme doit faire bon juge. » Voir sur les traitements des magistrats : d'Avenel. *Rev. des Deux-Mondes* du 2 juin 1906.

1. C'est à cela que Racine fait allusion dans *Les Plaideurs* (acte I, sc. VII) lorsqu'il dit par dérision :

Notre ami Drolichon, qui n'est pas une bête
Obtient pour quelque argent un arrêt sur requête
Et je gagne ma cause...

Enfin si de pareilles pratiques doivent être réprouvées, cependant il est sage, alors comme maintenant, de s'occuper de ses affaires, et la négligence peut être la cause de la perte du meilleur procès. (*Le Misanthrope, loc. sup. cit.* ; *Les Femmes savantes*, acte V, sc. IV.) Molière appréhendait personnellement les procès. On en voit la preuve dans la Préface qu'il a écrite en tête des *Précieuses ridicules*, à propos de l'impression de cette comédie faite à son insu et contre son gré en 1660.

Une partie des attaques que l'on dirigeait contre la justice de l'ancien Régime n'ont plus de raison d'être de nos jours, et cependant combien de critiques peuvent encore être formulées !

Si Molière condamne avec raison les lenteurs excessives et les complications inextricables de la procédure de son temps, ainsi que de regrettables abus de la justice, passés à l'état d'usage invétéré, c'est surtout aux hommes qu'il s'attaque. C'est que, alors comme

maintenant, des défaillances peuvent se ma-
nifester parmi les auxiliaires de la justice ; les
hommes de loi ne comprennent pas toujours
le rôle qu'ils doivent remplir. Sans doute, les
lois et les usages ont été améliorés dans l'administration de la justice ; et cependant combien compliqué est ce que l'on appelle le
*maquis de la procédure*, combien de frais
et de lenteurs entraîne le moindre procès.
Ne pourrait-on pas dire encore parfois avec
Scapin (acte II, sc. V) : « C'est être damné dès
« ce monde que d'avoir à plaider, et la seule
« pensée d'un procès serait capable de me faire
« fuir jusqu'aux Indes. » Sans doute le monde
judiciaire se montre observateur scrupuleux
des préceptes du droit ; et cependant, aux
critiques de Molière ne doit-on pas ajouter
les errements de la politique? Nos lois elles-
mêmes permettent parfois de fâcheux agissements. C'est ainsi que, pour ne citer qu'un
exemple présent à tous les esprits, la loi sur
les liquidations des congrégations religieuses (loi 1er juillet 1901 notamment) a provo-

qué à la spoliation de ces congrégations ceux qui étaient chargés de les liquider [1].

Que sont les actes de rapacité reprochés par Molière aux hommes de loi de son temps en présence de pareilles spoliations ? A cet égard, on peut se demander où est le progrès ?

1. Aff. Duez : *Gazette des Tribunaux* des 12, 13, 14, 15, 16, 17, 18, 19, 20, 21 et 22 juin 1911. Les débats de cette affaire, reproduits dans la *Gazette des tribunaux*, montrent les agissements et les regrettables pratiques de certains auxiliaires de la justice. Bien d'autres abus existent malheureusement : ainsi les expertises, ordonnées si fréquemment par les tribunaux, ne sont pas toujours à l'abri des reproches ; trop souvent en effet, les experts semblent ignorer que leur mission doit être empreinte de sérieuse étude, de consciencieuse impartialité et de stricte justice.

Dans nos temps modernes, quelques auteurs ont flétri sur la scène le rôle déplorable de certains hommes d'affaires (v. notamment : Becque, *Les corbeaux*).

# CHAPITRE XIV

## La justice criminelle.

Quelques passages du théâtre de Molière sont relatifs au droit pénal et à la procédure criminelle, il peut donc être intéressant de les interpréter, tout au moins au point de vue historique.

Nous avons eu occasion de voir d'une part le rôle de certains agents, tels qu'exempts et commissaires, en matière criminelle ; ces derniers étaient payés par les parties mêmes, ce qui était vivement critiqué, et avec raison, car on ne pouvait les faire marcher que moyennant finance[1] ; nous en voyons la preuve dans la scène VI de l'acte V de *L'Avare* (v. aussi *L'École des maris*, acte III, sc. IV). Nous

[1]. Paringault, p. 39 et 40.

avons vu d'autre part certains cas où l'on appliquait la peine de mort, tels que les rapts de violence et les rapts de séduction, la polygamie, etc. Peut-être doit-on voir une critique de la trop grande facilité avec laquelle on condamnait à mort, à tous propos, et notamment pour vols domestiques, dans cette phrase que Molière fait dire à son commissaire dans la scène 1re, acte V de *L'Avare* : « Laissez-moi faire, je sais mon métier, Dieu « merci. Ce n'est pas d'aujourd'hui que je « me mêle de découvrir des vols, et je vou- « drais avoir autant de sacs de mille francs que « j'ai fait pendre de personnes. » Nous allons étudier plus spécialement ici les actes de la procédure criminelle relatés dans quelques comédies.

C'est dans la comédie de *Monsieur de Pourceaugnac* que se trouvent surtout reproduites, et d'une manière fort curieuse, les expressions de la procédure criminelle. Il faut donc connaître quels étaient en 1669 (date de la première représentation de cette pièce) les principes qui régissaient la justice criminelle.

L'ordonnance de Villers-Cotterets d'avril 1539, rendue par François I^er, sur la justice et l'abréviation des procès, avait fixé les règles de la procédure criminelle, règles fort critiquables d'ailleurs, car elles ne donnaient que bien peu de garanties à l'accusé et étaient empreintes d'une rudesse excessive. En effet cette procédure, entre autres caractères, était absolument secrète, c'est-à-dire qu'elle était faite en dehors du public et sans communication de pièces à l'accusé. On refusait à celui-ci l'assistance de conseils ou d'avocats, on le soumettait à des interrogatoires multiples, et on l'appliquait à la torture si le crime dont il était accusé était passible de la peine de mort. Toute cette procédure dont la complication et les vices cependant étaient bien évidents, ne soulevaient que les rares protestations de jurisconsultes et de magistrats des Parlements. Elle fut maintenue et confirmée à peu près intégralement par l'ordonnance de 1670 [1], malgré l'opposition et les protestations du premier président de Lamoignon, qui se fit sans succès le défenseur de l'humanité et de la justice.

La comédie de *Monsieur de Pourceaugnac* jouée en 1669, se réfère donc encore à la procédure instituée par l'ordonnance de 1539, dont l'ordonnance de 1670 diffère peu.

M. de Pourceaugnac (acte II, sc. X) énumère ainsi les phases de la poursuite criminelle dont il se croit menacé :

« Oui; mais quand il y aurait information,

---

1. Les opinions et définitions des jurisconsultes qui ont interprété l'ordonnance de 1670 s'appliquent, dans la plupart des cas, à la législation antérieure; nous pouvons donc citer sans erreur leurs définitions et leurs opinions pour commenter l'ordonnance de Villers-Cotterets. Voir sur l'ensemble de l'ancienne procédure criminelle : Boitard et Faustin-Hélie. *Leçons de droit criminel* (11e édition), nos 4 et suiv. — *Dalloz. Rép.*, vo *Instruction criminelle*, nos 12 et 13. — *Rép.* Fuzier-Herman, vo *Instruction criminelle*, nos 10 et suiv. — Esmein, *Histoire de la procédure criminelle*. — Une des mesures d'instruction qui était le plus vivement critiquée, comme portant atteinte à la liberté de la défense, était l'obligation imposée à l'accusé de prêter serment de dire la vérité : on le mettait ainsi dans l'alternative, ou de se parjurer, ou d'avouer sa culpabilité.

« ajournement, décret et jugement obtenu
« par surprise, défaut et contumace, j'ai la
« voie de conflit de juridiction pour tempori-
« ser et venir aux moyens de nullité qui seront
« dans les procédures. »

Sbrigani émerveillé de tout ce langage ju-
« diciaire, réplique : « Voilà en parler dans
« tous les termes ; et l'on voit bien, Mon-
« sieur, que vous êtes du métier. »

Mais ne doit-on pas appliquer ces paroles
à Molière lui-même, qui montre encore dans
cette scène toute sa connaissance des *vrais
termes de la chicane.*

Plus loin M. de Pourceaugnac, tout en se
défendant d'avoir étudié la pratique judiciaire,
poursuit : « Point, ce n'est que le sens com-
« mun qui me fait juger que je serai toujours
« reçu à mes faits justificatifs, et qu'on ne
« me saurait condamner sur une simple accu-
« sation, sans un récolement et confronta-
« tion avec mes parties. »

Nous avons indiqué précédemment que
cette scène contenait une moquerie dirigée

contre le langage barbare du monde judiciaire de l'époque, mais nous allons voir maintenant toute la précision des termes dont Molière fait usage :

— L'*information* était le premier acte que le juge devait faire lorsqu'il était saisi de la plainte de la partie civile ou publique. Cet acte consistait à s'informer de toutes les circonstances du temps et du lieu où le crime avait été commis, il renfermait spécialement les dépositions des témoins [1]. Dans la procédure de l'ordonnance de Villers-Cotterets (comme de l'ordonnance de 1670), la défense orale était interdite, et les témoins n'étaient jamais entendus à l'audience, l'information qui constatait par écrit les dires et déclarations des témoins était ainsi l'âme du procès ; on comprend donc son importance.

— L'*ajournement* était une des formes du *décret* ou ordonnance du juge par laquelle

1. « Informer c'est enquérir », dit le Glossaire de Ragueau et de Laurière ; v° *Information*. — Domat. *Supplément au Droit public*, livre IV, 2ᵉ partie, tit. II, nᵒˢ 1 et suiv.

l'accusé était cité pour répondre à l'accusa-
tion dirigée contre lui. Le *décret d'ajournement personnel* était converti en *décret de
prise de corps*, au cas de non comparution
de l'accusé. Le *décret d'assigné pour être ouï*
était employé dans les cas moins graves [1].

— Les expressions *défaut* ou *contumace*
étaient employées indifféremment dans la pratique. Cependant les jurisconsultes faisaient
déjà la distinction admise de nos jours. Ainsi
nous lisons dans le Glossaire de Ragueau et
de Laurière : « *Contumace*, c'est une persé-
vérance à ne vouloir pas comparaître devant
le juge quand on y est appelé : en matière civile l'absence de la partie ajournée est appelée *défaut*, et elle est appelée *contumace* en
matière criminelle. »

— Le *conflit de juridiction* était une contes-
tation de compétence entre officiers de diverses juridictions prétendant retenir la connaissance d'une affaire. Ce moyen paraissait

1. Pothier. *Traité de la procédure criminelle*, section III.

indiqué en l'espèce puisqu'il se serait agi de prétendus mariages contractés, l'un à Pézenas et l'autre à Saint-Quentin, par un accusé domicilié à Limoges et dont les juges de Paris auraient voulu connaître [1]. Bien qu'ayant changé de caractère, on sait combien de nos jours la voie du conflit est un bon moyen de faire traîner les affaires en longueur.

— Les *faits justificatifs* étaient les faits allégués pour prouver l'innocence de l'accusé tel par exemple un alibi.

L'accusé n'était pas admis à prouver toutes sortes de faits justificatifs, mais seulement ceux choisis par les juges [2]. On voit combien la défense était limitée, combien l'accusé avait peu de liberté et de moyens pour établir son innocence.

— Le *récolement* était l'acte par lequel le juge, après avoir reçu la déposition des té-

---

1. Paringault, p. 25 et 27. — Fournier des Ormes, *Le Constitutionnel* du 30 juin 1852.

2. Domat, *id. ibid.*, titre VI, n° I. — Pothier, *id. ibid.*, section V, n°ˢ 137 et 138.

moins, les convoquait à nouveau pour savoir s'ils persistaient dans leur déposition et s'ils n'avaient rien à augmenter ou à diminuer [1].

— *La confrontation* avait lieu lorsque le juge présentait les témoins de l'information à l'accusé [2]. Toutes ces formalités compliquées donnaient bien peu de garanties à l'accusé.

Mais ce qui caractérisait la procédure criminelle, tant de l'ordonnance de Villers-Cotterets que de celle de 1670, c'était le maintien de cet odieux moyen d'instruction la *question* ou *torture*, dont Molière parle incidemment dans certaines de ses comédies.

On distinguait deux sortes de *questions* : 1° *La question préparatoire* que l'on appliquait à l'accusé pour lui arracher par d'atroces souffrances l'aveu d'une culpabilité dont l'ins-

---

1. Ragueau et de Laurière. Glossaire, v° *Récoler les témoins* ; — Pothier, *ut supra*, n°ˢ 103 et suiv.

2. Ragueau et de Laurière. v° *Confronter les témoins et confrontation*. — Pothier, n°ˢ 110 et suiv.

truction n'avait pas fourni la preuve. La question était donnée en présence du juge chargé de recueillir les déclarations et aveux, elle était *ordinaire* ou *extraordinaire*, suivant sa rigueur ; elle ne pouvait être prescrite que si le crime méritait la peine de mort [1].

2° La *question préalable* était celle qui était quelquefois ordonnée par le jugement de condamnation à mort pour avoir révélation des complices [2].

On a peine à comprendre que des procédés aussi barbares aient pu subsister aussi long-

---

1. La *question extraordinaire* consistait en une augmentation de tourments aussitôt après la *question ordinaire*. Les tortures différaient d'après les usages des divers Parlements. Le juge pouvait relâcher une partie des rigueurs de la question ordinaire ou extraordinaire, si l'accusé confessait, mais s'il variait on redoublait, sans que cependant l'accusé pût être exposé à mourir ou à être estropié. Si l'accusé n'avait pas confessé, il pouvait être absous, et en tous cas il ne pouvait être condamné à mort à moins de nouvelles preuves, même dans ce cas il ne pouvait subir une seconde fois la question. Domat. Supplém. au Droit public, *id.*, tit. V, n°s 4 et suiv. — Pothier, *id. ibid.*, n°s 143 et suiv.

2. Domat, *id. ibid.*, n° IX. — Pothier, *id. ibid.*, n° 151.

temps en France [1], sans soulever la réproba-
tion générale. Ce n'est en effet qu'à titre ex-
ceptionnel que jurisconsultes, magistrats,
penseurs et écrivains ont condamné la torture pendant le siècle de Louis XIV [2].

Molière ne dit que fort peu de chose concernant la torture.

Dans *l'Avare* (acte IV, sc. VII) Harpagon,
furieux du vol de sa cassette (vol domestique
passible de la peine de mort) s'écrie : « Je
« veux aller quérir la justice, et faire donner
« la question à toute ma maison : à servantes,
« à valets, à fils, à fille, et à moi aussi... »

C'est bien de la *question préparatoire* dont
il s'agit dans ce cas. Mais c'était par des

1. L'abolition de la question ou torture ne fut prononcée
que sous Louis XVI, en 1780 et 1788.

2. Le premier président de Lamoignon constatait que jamais
la question n'avait produit de résultat (v. sur ce point Boitard
et Faustin-Hélie, *ut supra*). Il est singulier que des jurisconsultes éminents, comme Domat et Pothier, *loc. sup. cit.*, se
bornent à commenter froidement toutes les phases de la torture, et tout en constatant l'inutilité ou l'incertitude d'un pareil mode d'instruction, ne trouvent pas un mot pour le condamner.

moyens plus doux qu'on cherchait d'abord à instruire l'affaire sauf à recourir ensuite aux plus durs procédés. C'est ce que dit le commissaire dans la scène I^re de l'acte V de *l'Avare* : « Il faut, si vous m'en croyez, n'effa-
« roucher personne, et tâcher doucement
« d'attraper quelques preuves, afin de procé-
« der après, par la rigueur, au recouvrement
« des deniers qui vous ont été pris. »

C'est de la *question préalable*, précédant immédiatement le dernier supplice, dont il est parlé dans *Le Dépit amoureux* (acte V, sc. III), et l'on y voit toute l'inutilité de ces cruels procédés : La Rapière y parle d'un de ses complices :

Il mourut en César, et, lui cassant les os,
Le bourreau ne lui put faire lâcher deux mots [1].

1. Nous pensons qu'Harpagon parle aussi de la question préalable, lorsqu'il dit : « ... Des gênes, des potences et des bourreaux ! » le mot : *gêne* ou *gehene* s'appliquant par étymologie à la *question* destinée à faire avouer un accusé, v° *Gêne*, Littré, Larousse, etc.

On peut regretter que Molière n'ait pas exprimé son indignation contre la torture et qu'il n'ait rien dit dans le sens de ces vers de Racine dans *Les Plaideurs* (acte III, sc. IV) :

DANDIN

N'avez-vous jamais vu donner la question ?

ISABELLE

Non : et ne la verrai, que je crois, de ma vie.

DANDIN

Venez, je vous en veux faire passer l'envie.

ISABELLE

Hé ! Monsieur, peut-on voir souffrir des malheureux ?

DANDIN

Bon ! Cela fait toujours passer une heure ou deux.

Si Molière ne flétrit pas expressément, comme on aurait pu le désirer, de si odieuses pratiques, il semble cependant qu'il a voulu dans la scène II, acte III de *Monsieur de Pour-*

*ceaugnac*, condamner d'une manière générale les vices de la procédure criminelle, et surtout l'inconcevable parti-pris contre l'accusé, auquel on appliquait les plus atroces moyens d'instruction, tout en lui refusant presque toute garantie et tout moyen de défense efficace.

M. DE POURCEAUGNAC

Voilà qui m'étonne, qu'en ce pays-ci les formes de la justice ne soient pas observées.

SBRIGANI

Oui, je vous l'ai déjà dit, ils commencent ici par faire pendre un homme, et puis ils lui font son procès.

M. DE POURCEAUGNAC

Voilà une justice bien injuste.

SBRIGANI

Elle est sévère comme tous les diables, particulièrement sur ces sortes de crimes.

M. DE POURCEAUGNAC

Mais quand on est innocent.

SBRIGANI

N'importe, ils ne s'enquêtent point de cela ;...

On peut voir dans cette critique violente, presque outrée, une condamnation des vices et des abus de la justice criminelle de cette époque, et surtout la flétrissure de cette annihilation de la défense qui permettait trop facilement de condamner un innocent et de commettre de regrettables erreurs judiciaires.

En tout cas, ce qui ressort de cette étude comparative, c'est la parfaite concordance des comédies de Molière avec la législation pénale de l'ancien Régime. Enfin, aucune de ces critiques ne peut s'appliquer à l'époque actuelle ; car ce qu'on peut reprocher à la justice criminelle de nos jours, c'est au contraire de montrer parfois trop de faiblesse vis-à-vis des pires criminels.

# CONCLUSION

En résumé, nous n'avons pas entendu étudier l'œuvre de Molière au point de vue de la morale pure ; de ce fait, elle n'est pas à l'abri de la critique, et on peut lui reprocher avec raison d'avoir parfois rendu ridicule la vertu elle-même.

Molière, parisien sceptique, railleur sans beaucoup de scrupule, rit de tout, prend la vie telle qu'elle paraît et les hommes tels qu'ils sont, avec leurs ridicules, leurs défauts et leurs vices. Il est beaucoup plus un peintre des mœurs, comme l'appelaient ses ennemis eux-mêmes qu'un sévère censeur. Il expose ce qu'il voit et constitue le public juge, c'est comme on l'a dit, un moraliste de théâtre. Il ne faut pas lui demander de sévères condamnations,

c'est par la moquerie et par le rire qu'il fla-
gelle l'humanité.

En droit même, on lui reproche avec raison sa trop grande complaisance pour les fils
de famille, et surtout pour les valets dont
il se plaît à décrire les débauches, les escroqueries, les vols et autres délits. Mais ces
réserves faites, son théâtre présente un sérieux intérêt juridique.

Au point de vue du droit civil, les critiques
de Molière peuvent s'expliquer, en partie du
moins, par les abus commis au nom du droit
et aussi par les vices de la législation. Ce n'est
pas l'autorité paternelle qu'il raille, mais le
mauvais emploi qu'on en fait et qu'autorise
la loi ou l'usage ; ce n'est pas le principe du
mariage qu'il critique, mais une législation
trop dure et trop étroite que l'on cherchait à
éluder par tous moyens.

Nous l'avons vu exposer des points intéressants se rattachant à l'état et à la condition
des personnes, au droit dans la famille, au
régime matrimonial et aux droits des époux,

stigmatiser avec une suprême énergie les manœuvres dolosives ayant pour but la spoliation des héritiers légitimes, la spoliation de
la famille.

Enfin, s'attaquant au monde judiciaire, Molière ne se contente pas de faire rire, il se
montre juge sévère des vices de la loi et de la
pratique judiciaire, des abus de la procédure
tant civile que criminelle, des agissements
condamnables des hommes de justice.

Ce sont les hommes, et aussi parfois les
institutions elles-mêmes, qui tombent sous les
coups de sa satire : en effet à travers les mœurs,
il faut souvent voir les lois, alors les coups
portés aux mœurs ont une répercussion sur
les lois.

Au point de vue historique, on comprend
mieux l'œuvre de Molière en la rapprochant
de la législation de son temps, et l'étude de
notre ancien Droit est le meilleur commentaire de certaines scènes.

Enfin les critiques de Molière ne se limi-
tent pas au siècle de Louis XIV, elles ont une

portée beaucoup plus grande, et comportent la condamnation des abus judiciaires et de la violation du droit, condamnation toujours d'actualité et que ne peuvent abroger pour notre époque, ni le changement des usages et des mœurs, ni le changement de la législation et des institutions. Ces immortelles comédies, en droit comme en morale, appartiennent à *une pensée plus calme, plus vaste, plus indifférente, plus universelle.*

Ainsi, à la lumière des principes du droit, l'œuvre de Molière revêt une couleur spéciale, et renferme une critique, peut-être inégale, mais un enseignement qu'aucun penseur ne saurait méconnaître.

# APPENDICE


Nous donnons ci-dessous le texte du contrat
de mariage de Molière et de sa quittance de
dot[1].


## I


Furent présents Jean-Baptiste Pocquelin
de Molière demeurant à Paris rue Saint-Tho-
mas du Louvre, paroisse de Saint-Germain
de Lauxerrois, pour lui en son nom d'une part
et damoiselle Marie Hervé[2], veufve de feu Jo-

1. Nous avons conservé l'ancienne orthographe dans la mesure du possible, spécialement en ce qui concerne les noms
propres. Il est à remarquer que Molière signe Poquelin sans c,
alors que son nom est partout dans l'acte écrit Pocquelin.
Il signe *Molière*, sans particule, alors que le contexte du contrat porte : *de Molière*. — L'acte et les signatures portent tantôt Béjard, et tantôt Béjart, etc.

2. Dans le texte : *Hervé*.

seph Béjard vivant écuyer sieur de Belleville[1], demeurant à Paris dans la place du Pallais Royal, stipulant icelle party pour damoiselle Armande, Grésinde, Claire, Elizabeth Béjart, sa fille et dudict deffunt sieur de Belleville aagée de vingt ans ou environ, à ce présente de son vouloir et consentement d'autre part ; lesquelles partyes en la présence, par l'avis et conseil de leurs parents et amis, sçavoir de la part dudit sieur de Molière, de sieur Jean Pocquelin son père, tapissier et vallet de chambre du Roy et sieur André Boudet, marchand bourgeois de Paris, beau-frère à cause de dame Marie Magdelaine Pocquelin sa femme et de la part de ladite damoiselle Armande, Grésinde, Claire, Elizabeth Béjard, de damoiselle Magdelaine Béjard fille usante et jouissante de ses biens et droits, sœur de ladite damoiselle et de Louis Béjard son frère demeurant avec la dicte damoiselle, leur mère dans la dicte place du Pallais Royal ont fait et

1. Dans le texte : *Belleuille*.

accordé entre elles de bonne foi les traité et conventions de mariage qui en suivent. C'est à savoir que lesdits sieur de Molière et damoiselle Armande, Grésinde, Claire, Elizabeth Béjard du consentement susdit se sont promis prendre l'un l'autre par nom et loy de mariage et icelluy solempniser en face de notre Mère Sainte Eglise sy Dieu et notre dicte mère s'y consentent et accordent.

Pour être les futurs époux uns et communs en tous biens, meubles et conquêts immeubles suivant et en désir de la Coutume de cette ville, prévôté et vicomté de Paris.

Ne seront tenus des dettes l'un de l'autre faites et créées avant la célébration dudit mariage, et s'il y en a seront payées par celui qui les aura faites et sur son bien sans que celui de l'autre en soit tenu.

En faveur des présentes ladite damoiselle mère de ladite damoiselle future épouse a promis bailler et donner auxdits futurs époux, à cause de ladite damoiselle sa fille, la veille de leurs épousailles, la somme de dix mille livres tournois, dont un tiers entrera en ladite future communauté et les deux autres tiers demeureront propres à ladite future épouse et aux siens de son côté et ligne.

Ledit futur époux a doué et doue sa dite future épouse de la somme de quatre mille livres tournois de douaire préfix pour une fois payé, à l'avoir et prendre, quand il aura lieu, sur tous les biens dudit futur époux qu'il hypothèque à cet effet.

Le survivant desquels futurs époux prendra par préciput des biens de leur communauté tels qu'il voudra choisir réciproquement jusques à la somme de mille [1] livres, suivant la prisée de l'inventaire et sans crue ou la dicte somme en deniers à son choix.

Advenant le décès dudit sieur futur époux, avant celui de la future épouse sera permis à

1. La minute porte *deux* mille, mais le mot *deux* est biffé, et en marge se trouve cette note : « Le mot de deux ci en droit rayé du consentement des parties », suivie des initiales de la main des parties valant approbation de la rature. « J.P. M.H. JBPM. A.GB. MB. LB. AB. »

icelle future épouse et aux enfants qui naîtront dudit mariage, d'accepter la communauté ou y renoncer, et en cas de renonciation, reprendre ce qu'elle aura apporté audit mariage, lui sera advenu et échu par succession, donation ou autrement même, elle, ses douaire et préciput susdit, le tout franchement et quittement sans être tenue des dettes de la communauté, encore qu'elle y eust parlé [1].

S'il est vendu ou aliéné aucuns héritages ou rentes rachetées, appartenant à l'un ou à l'autre des futurs époux, les deniers en provenant seront remplacés en autres héritages ou rentes pour sortir pareille nature, et si au jour de la dissolution de ladite communauté ledit remploy ne se trouvait fait, ce qui s'en défau-

---

1. Ce mot dans le texte original est très peu lisible, et peut-être faut-il lire : *parlé*. Cette expression se trouve dans l'article 205 de la *Coutume d'Orléans* ainsi conçu : « Et si ladite « femme ayant renoncé à la communauté comme ayant *parlé* « et y étant obligée, elle et ses héritiers auront recours contre « les héritiers dudit mary. »

On pourrait peut-être aussi lire : *participé*, dont le sens serait à peu près le même.

dra sera repris sur ladite communauté si elle suffit, sinon à l'égard de la dicte future sur les propres et autres biens dudit futur époux.

Car ainsi a été accordé entre les parties, promettant, obligeant, etc...

Fait et passé à Paris en la maison de ladite damoiselle, l'an mil six cent soixante-deux, le vingt-troisième jour de janvier et ont signé :

<table>
<tr><td>J. Pocquelin</td><td>Marie Hervé</td></tr>
<tr><td>J. B. Poquelin Molière</td><td>A. Boudet</td></tr>
<tr><td>Armande, Grésinde Béjart</td><td></td></tr>
<tr><td>M. Béiart</td><td></td></tr>
<tr><td>Louys Béjard</td><td></td></tr>
<tr><td>Ogier</td><td>Pain</td></tr>
</table>

## II

Ledit sieur Poquelin de Molière, nommé en son contrat de mariage ci-dessus reconnaît et confesse que ladite damoiselle Marie Hervé veuve dudit sieur Béjard aussi y nommée mère de ladite damoiselle Armande Grésinde Béjard, lui a payé et d'elle confesse avoir reçu ladicte somme de dix mille livres que ladite avait promis bailler et donner audit sieur de Molière par ledit contrat et en faveur d'icelluy, dont quittance.

Fait et passé ès études le vingt-quatre juin mil six cent soixante-deux et a signé :

J. B. POQUELIN MOLIÈRE

OGIER                              PAIN

# TABLE

MAYENNE, IMPRIMERIE CHARLES COLIN